歴史文化ライブラリー
361

災害復興の日本史

安田政彦

吉川弘文館

目　次

災害から立ち上がる人々――プロローグ

東北大震災が起こって二年を迎える。巨大な地震と、とてつもない大津波に、三陸はいうにおよばず、関東から東北にかけて大きな被害を蒙《こうむ》った。さらには原発事故も重なり、これまでにない多様な問題をかかえる災害となった。まるで戦後の焼跡のように廃墟となった被災地、建物の屋上に乗っかった大きな船が印象的であった。なにもかも、親兄弟や友人までも失った、多くの被災者と犠牲になられた方々には、お見舞いとお悔やみを申し上げる。

さて、日本は地震国であり、火山帯も多く、また、温暖多雨で毎年台風が襲来する。そうした地理的環境は有史以来変わらず続いており、従って、古来多くの自然災害に見舞われてきた。そのたびに人々は必死の努力で、災害から立ち直ってきたのである。そのなかで、いくつかの巨大な災害を取り上げ、その激甚《げきじん》な様相とそこからの復興の様子を時代順にまとめてみた。災害史を扱った著書・論文は少なからずあるが、災害状況をまとめたもの、防災に主眼を置いたものなどで、復興に焦点をあてた災害史は多くない。本書では、災害状況を述べるとともに、災害からどのように復興したのかをできる限り記述してみた。それによって、どれほどの激甚な災害が起ころうとも、人々は懸命の努力をもって復興を果たしてきたことに思いを馳《は》せ、このたびの東北大震災からも必ず復興することを理解していただければと思う。

もちろん、いつの時代にも災害からの復興は容易ではなかった。ときとして、移住を余儀なくされた場合もあり、生活を取り戻すまでには長い時間が必要であった。それでも災害に生き残り、生き続ける以上は、復興を前進させるしかなかったのである。そこには、日本古来、助け合いの精神があり、被災地の周辺の助けを受けながら、被災者は自らの力でなんとか復興を果たそうと努力し続けたのである。そうした歴史を一部でも垣間見ることが出来るならば幸いである。

構成は大きく四つにわけた。古代・中世・近世・近現代の災害を取り上げたが、時代区分は必ずしも厳密ではなく、一つの目安とお考えいただきたい。それぞれの時間的長さも均等なわけではなく、新しい時代ほど資料が豊かになるので、記述が増えるというだけの問題でしかない。とくに古代においては復興についての記録はほとんど無いに等しいため、後世の災害と復興の様相から、当時の歴史を勘案して推測に頼った面が少なくないことを御了解いただきたい。

本書で取り上げる自然災害は、地震、噴火、風水害、旱魃《かんばつ》、飢饉《ききん》、疫病などに加えて、大火をも取り上げている。大火は自然災害とはいい難いが、多くの犠牲をだした災害という点を勘案して触れることとした。

ところで、本書では「復旧」と「復興」という言葉を使用している。辞書で調べると、「復旧」とは、「壊れたり、傷《いた》んだりしたものを、もとの状態にすること」をいい、「復興」とは、「いったん衰えたものが、再びもとの盛んな状態に返ること。また、盛んにすること」とある。従って、災害で破壊されたり失われたものが、もとどおりになるのが復旧で、災害以前の活気ある状態にもどる、もしくはより盛んになるのが復興ということになる。厳密にいえば、災害以前と全く同じ状態に戻ることは、ほとんどありえないので、復旧という言葉はふさわしくない。しかし、本書では、災害直後からの救済活動などで、ライフラインが通じ、一応の生活が整うに至るまでを復旧、それ以降、災害の跡を払拭《ふっしょく》して新しい生活基盤を建設する段階を復興とみなした。ただし、それほど厳密に区分しているわけではないので、これも大方の目安とお考えいただきたい。

書名に復興とつけたのは、右のような観点から、災害から立ち直る過程を重視し、より発展的に次の歴史に繋がっていくという意味からである。

古代の災害復興

自力再建の時代

古代の巨大地震

巨大地震の発生頻度

古代における巨大地震を『理科年表』（平成二三年版）でみると、マグニチュード七以上の地震は一七ある。このうち、奈良時代以前が二件、奈良時代（八世紀）が二件、平安時代前期（九・一〇世紀）が一〇件、平安時代中後期（一一・一二世紀）が三件である。このバラツキは史料の残存具合などによるもので、必ずしも巨大地震の発生頻度を示しているわけではない。平安時代前期に多いのは六国史《りっこくし》によって全国的な記録が残されていることによる。

奈良時代以前の二件は『日本書紀《にほんしょき》』にみえる天武《てんむ》天皇七年（六七八）と同一三年（六八四）の記事であるが、『日本書紀』にはこれ以前にも地震の記載はある。ただし、『日本書紀』は神代から持統《じとう》天皇までを記述しており、歴史的事実としての信憑性《しんぴょうせい》に問題があるとされている。史実として確実視されるのはようやく天武朝に至ってからであるといっても過言ではない。従って、有史以来、天武朝まで巨大地震が無かったわけではないのである。

天武天皇は、壬申《じんしん》の乱（六七二）を勝ち抜いて即位し、その強力な指導力のもとで政界は安定し、畿内豪族層の結集のうえにたって中央集権国家の確立に腐心した。位階《いかい》制の整備をすすめて、豪族層を国家の官人《かんじん》として位置づけ、食封《じきふ》制に改革を加えて官人給与として整備した。また、神祇《じんぎ》仏教や儀礼を整備統制して天皇制の基礎を固めることに努めた。こうした治世の半ば、および晩年に巨大地震が起こっている。

天武七年地震　さて、天武七年地震は、『理科年表』にマグニチュード六・五〜七・五と推定しており、

一二月二七日（前近代においては旧暦。以下同じ。新暦より約一ヵ月ほど早い）筑紫《つくし》国（福岡）で大きな地震があった。地が広さ二丈《じょう》（約六メートル）、長さ三千余丈（約一〇キロ）にわたたって裂け、百姓《ひゃくせい》の家がいたるところの村々で数多く倒壊した。このとき、岡のうえにあったある百姓の家は、地震の夜に岡が崩れ、違った場所に動いてしまった。しかし家は無事で、こわれなかった。その家の人は、岡が崩れ、家が動いたことに気がつかず、夜が明けてからそれを知って、たいへんびっくりしたという

とみえる。数値の信憑性には問題もあるが、福岡県久留米《くるめ》市の筑後国府《ちくごこくふ》跡の遺跡調査から、このときのものと思われる噴砂跡《ふんさあと》が検出されるなど巨大地震であったことは確認されており、大きな地割れや倒壊、岡の崩落が知られる。

白鳳南海地震　また、天武一三年地震は、『理科年表』にマグニチュード八・二五と推定しており、『日本書紀』には、

一〇月一四日午後一〇時ごろ、大きな地震がおこり、国中の男女が叫びあい、逃げまどった。山は崩れ、川はわきかえり、諸国の国郡の庁舎、百姓の家屋や倉庫、寺院・神社の破壊されたものは数知れず、人民や家畜も多く死傷した。このとき、道後《どうご》温泉が埋もれて出なくなり、土佐《とさ》国（高知、現地名。以下同じ）では田五〇万頃（約一二平方キロ）が海に没した。古老は、「このような地震は、かつてなかったことだ」といった。この日の夕、鼓《つづみ》の鳴るような音が東の方角に聞こえた。「伊豆島（伊豆大島か）の西と北の二面がひとりでに三〇〇丈（約一キロ）あまり広がり、もう一つの島になりました。鼓のような音がしたのは、神がこの島をお造りになる響きだったのです」

とあり、ついで一一月三日には土佐国司の報告として、

高波で海水が押し寄せたため、調《みつぎ》を運ぶ船が数多く行方不明になりました。

とある。高波は地震の津波であろう。四国を中心に、山崩れ、倒壊、水没、津波といった

被害が知られるが、これは明らかに東海～南海トラフ型の巨大地震を示しており、「白鳳《はくほう》南海地震」とよばれており、その痕跡は各地でみつかっている。

天武朝に起こった二つの巨大地震の被害はおおむね史料から知られるのだが、では、どのような復興がなされたのであろうか。

そもそも、天武七年地震の記事は、被害の大きさもさることながら、『日本書紀』編纂者の関心は、岡の上の家が、岡の崩落にも関わらず奇跡的に無事だったという点にあったとみられることから、そもそも、巨大地震の被災者への関心から記載されたものではないのである。従って、被災地・被災者がどのように復興したかということは『日本書紀』編纂者の関心外であったといえる。同様に天武一三年地震でもどのような対策が取られ、どのように復興したかを知る術《すべ》は無い。それらは、後世の同様な災害から推測するほかないのである。

天平時代の地震

次に『日本書紀』よりも記事が詳細になり信憑性も高くなる、『続日《しょくに》本紀《ほんぎ》』以降の五国史から巨大地震をみてみよう。

奈良時代の歴史を記載する『続日本紀』における巨大地震の一つに、天平《てんぴょう》六年（七三四）大地震がある。天平年間は聖武《しょうむ》天皇が仏教を信奉して東大寺《とうだいじ》造営を行ったことで有名な天平文化の時代であるが、律令《りつりょう》体制における土地制度の矛盾が激化し、長屋王《ながやのおう》の変

（七二九）にはじまる支配層内部での紛争が頻発した時代でもあった。

『続日本紀』天平六年紀には、

天下百姓の家々が倒壊して圧死者が多数出た。山が崩れ川を塞《ふさ》ぎ、所々無数の地割れが生じた。

と、甚だ簡潔に漢文で記されているのだが、一一年後に起こった天平一七年（七四五）美《み》濃《の》国（岐阜）大地震に勝るとも劣らない大地震であったといえる（『理科年表』はマグニチュードを記さない）。

その美濃国大地震は四月に起こったのだが、三日三夜続いた。『理科年表』はマグニチュード七・九とし、震源は岐阜市のあたりと推定している。その後、同年中だけで一八日、翌一八年に入っても六日の地震記事（「地震」とのみある）が記載されており、余震とみられる。

美濃国の櫓《やぐら》や館、正倉、仏寺堂舎や百姓の家々がみな倒壊した。

と記すように、未曽《みぞう》有の大きな地震であった。また五月には、

これまでにない地震で、所々地割れが生じて水泉を湧《わ》き出した。

とあるので平城京《へいじょうきょう》周辺でも液状化現象が起こった可能性が高い。

天平六年大地震のときは、聖武天皇が不徳の致すところとして出した詔《みことのり》（天譴《てんけん》思想に

よる。天が君主の不徳を戒《いまし》めるため、災害等によって示すという考え）を記載して余震記事は記載しなかったのに比して、天平一七年美濃国大地震では多くの余震を記事として採録するという違いはあるものの、恐らく政府に与えた衝撃は同じく大きかったであろう。ただし、いずれも記事が簡潔で、その後の対応については、天平六年時に被災神社を巡検する使いを全国に派遣したことがわかるくらいである。なお、天平宝字《てんぴょうほうじ》六年（七六二）に美濃・飛驒《ひだ》・信濃《しなの》（岐阜・長野）を襲った地震では、被災者の家に穀二斛《こく》（約三六〇《リットル》）を支給したとあるので、何らかの被災者への給付はあったものと思われる。それで人々の生活が復興出来たとは思われないが、『続日本紀』は何も語ってはいない。

六国史の最後にあたる『日本三代実録《にほんさんだいじつろく》』は、それ以前の正史に比して記事が詳細であり、被害状況も詳しくなる。そのなかから二つの巨大地震を紹介しよう。

陸奥国大地震

一つは貞観《じょうがん》一一年（八六九）に起こった陸奥《むつ》国（東北）大地震である。貞観年間は清和《せいわ》天皇の時代であるが、応天門《おうてんもん》の変（八六六）以後、藤原良房《ふじわらのよしふさ》が摂政《せっしょう》太政大臣《だじょうだいじん》として権力を握り、比較的政局は安定していた時期である。

そうした時期に東北を襲った大地震について、『日本三代実録』には、以下のように記載されている。

五月二六日、陸奥国で大地震があり、光が流れて昼のように瞬《またた》いたと思うや、その揺れに人々は叫びよびあい、起《た》っていられないほどであった。ある者は家が倒壊して圧《お》し潰され、ある者は地割れに落ちて埋もれ死んだ。馬牛は驚き走って、互いに駆け上ろうとした。多賀城《たがじょう》の倉庫、門櫓や壁が無数に崩れ落ちた。港は波が大荒れで、その音は雷のようであった。波は大きく膨らんでたちまち城下に押し寄せ、海から数十百里（一里は約六五〇㍍）は水没して海のようになった。原野も道路も水没して、船に乗る暇もなく、山に登ることも出来ず、溺れ死ぬ者は千人ばかりにおよんだ。資産も苗も何も残らなかった

この地震津波は、昨年の三・一一東日本大震災（以下、三・一一大震災とよぶ）のおりにも報道されたので知る人もあろうかと思う。津波は当時の海岸線から三〜四㌔までおよんだことがわかっているが、三・一一大震災では仙台市若林区で津波は海岸から約五㌔にまでおよんだことが確認されている。また、貞観の津波よりも今回の津波の方が陸地の広い面積で浸水した。

その二ヵ月後には肥後国《ひご》（熊本）で大風雨が襲い、水損甚《はなは》だしく、土砂崩れであろうか、海より山に至る間の田数百里が陥没して海となった、という被害が出ている。

貞観地震津波については、九月に陸奥国地震使が任命され、一〇月には清和天皇が詔し

て、地震使を派遣して国司とともに人心を宥《なだ》めること、死者を収容して葬り、被災者を救済し、被害の大きかった者には税を免除することなどを命じている。地震使が具体的に何をなしたのかは明らかではないが、被害状況を視察し、人々を元気づけるような役割を担ったものであろうか。政府による税の免除や施しが行われたことが知られるが、その後、被災者がどのように生活を立て直したのか、地域の復興をどう行ったのかは明らかではない。多賀城は一〇世紀半ばころまで存続したことがわかっているので、政府の機関は随時復興されたものであろう。しかし、東北大震災の被災地復興が未だに緒に就いたばかりという状態をみれば、貞観地震津波後の復興も遅々として進まなかったであろうことは容易に想像がつく。

仁和南海大地震

いま一つは仁和《にんな》三年（八八七）の大地震である。仁和年間は光孝《こうこう》天皇の治世で、藤原基経《もとつね》が実質的な関白《かんぱく》を務めた。この年八月には光孝天皇が崩御するのだが、その直前に起こった大地震である。

七月三〇日午後四時ころ、数分の間地震が止まず、光孝天皇は仁寿殿《じじゆでん》を出て紫宸殿《ししんでん》南庭に移り、大蔵省に命じて七丈（約二〇メートル）の仮小屋を二つ立てさせて御在所とした。諸司の建物や東西京の家々は所々倒壊し、圧死する者が多かった。あるいは失神して急死する者もあった。午後一〇時ころ、また地震が三度あった。全国で同日に大地震

があり、役所が多く破損し、津波が押し寄せて無数の者が溺死《できし》した。そのうち摂津《せっつ》国の被害が甚大であった

と、『日本三代実録』は記載する。『理科年表』はマグニチュード八〜八・五と推定している。広い範囲での揺れと津波被害から南海トラフ沿いの巨大地震であったとされる。八月五日には昼に五度地震があり、夜には大きな揺れが襲った。京の人々はみな家を出て通りに居たという。光孝天皇が紫宸殿南庭に留まったと同じく、経験的に人々は大きな揺れを建物から離れてやりすごしたのであるが、その後も頻々《ひんぴん》と余震があったことがみえており、当分の間は揺れを避けるだけで精一杯で、再建復興にはおよばなかったであろうことが推測される。残念ながら『日本三代実録』が翌八月をもって終わっているので、その後の対策や復興について知る術がない。

以下、六国史以後の記録としては、おもに貴族の日記に頼らざるをえない。

天慶大地震　一〇世紀半ばに襲った巨大地震に天慶《てんぎょう》大地震がある。天慶元年（九三八）は承平《じょうへい》八年五月に地震・兵革によって改元されたものである。平将《たいらのまさ》門《かど》が坂東《ばんどう》で一族との争いから進んで、さらに武蔵《むさし》国（東京・埼玉）の国郡司の紛争に介入したところに起こった大地震である。

『理科年表』はマグニチュード七と推定する。六国史の抜粋と、六国史以後、後一条《ごいちじょう》天

皇までの歴史を漢文の編年体で記した『日本紀略《にほんきりやく》』という史料には、
　大地震が襲った。京中の垣根はみな破壊された。内膳司《ないぜんし》の建物が倒壊して圧死者四人が出た
とある。また当時の権力者であった藤原忠平《ただひら》はその日記『貞信公記《ていしんこうき》』に、
　今日（天慶元年四月一六日）、震動し続けた。昨夜、内膳司の建物が倒壊した。死者は四人である。宮城四面の垣の多くが倒壊した。京中の人の宅の垣根もことごとく崩れた。その他の損害は多すぎて記録しきれない
と記している。この地震によって、翌月、地震兵革の厄運を慎むとの理由で改元されたが、いわゆる災異改元である。改元することによって凶兆を払拭しようとするものである。
その後も『貞信公記』には余震記事が頻繁に記載されており、六月には諸社に地震の沈静化を祈るための使いが遣わされた。しかし、七月にも余震は止まらず、八月に入って再び大きな揺れが襲い、内釜屋《うちのかまや》が倒壊した。その後も余震は続く。
九月になって、地震で倒壊した宮城四面の垣根を畿内の国々に築かせることが定められている。ここに至って、ようやく復興の兆《きざ》しがみえ始めるのである。公的な建造物は、各国の分担で再建が進められたのであろう。
その後、しだいに間遠にはなっていくものの、地震記事は翌天慶二年にまで至る。人々

は余震におののきながらも日常の生活を取り戻そうとしていったのではなかろうか。

平安時代後期にも巨大地震は襲っている。

永長東海大地震

永長《えいちょう》元年（一〇九六）の大地震、ついで康和《こうわ》元年（一〇九九）の大地震が起こった。この時期は堀河《ほりかわ》天皇の治世であるが、父白河《しらかわ》上皇が政治に干渉することはあったが、未だ院政として全面的に政務を掌握するには至っていなかった。

永長元年の大地震は一一月二四日に起こったものでマグニチュード八〜八・五と推定されている。右大臣《うだいじん》藤原宗忠《むねただ》の日記『中右記《ちゅうゆうき》』には、京の被害の様子が詳しく記されているが、後に聞いた話として、近江《おうみ》国（滋賀）勢多《せた》橋が岸部分を残して崩落したこと、東大寺の鐘や東寺の塔の九輪《くりん》が落下したこと、薬師寺廻廊《やくしじかいろう》が倒壊したことなどを伝えたのち、伊勢《いせ》国阿乃津《あのつ》（三重県津市）の民家が大津波に襲われ、諸国にも同様のことがあったと記す。また、関白藤原師通《もろみち》の日記、『後二条師通記《ごにじょうもろみちき》』には、六度の大地震があり、駿河《するが》国（静岡）の報告として、神社仏閣や百姓の家々四百余りが流失したことを記載する。これらの記述から畿内に強い揺れをもたらすとともに、駿河から伊勢沿岸にかけて津波が襲った東海大地震であるとみられている。

康和南海大地震

康和元年の大地震は正月二四日に起こった。鎌倉時代の公卿《くぎょう》で権中納言《ごんちゅうなごん》となった勘解由小路《かげゆこうじ》（広橋）兼仲《かねなか》の日記『兼仲記《けんちゅうき》』の裏に記載

された「兼仲記紙背《しはい》文書」のなかの土佐国宛官宣旨《かんせんじ》というものに、
　国内の作田千余町（約四〇平方キロ）がみな海底に没してしまった
とある。ただし、鎌倉時代に記載された文書であるため信憑性に問題がある。
とはいえ、東大阪市の瓜生堂《うりゅうどう》遺跡で一一世紀末から一二世紀にかけての液状化跡が発掘されており、康和元年の大地震で生じた可能性があるといい、このことからも南海地震の発生が考えられている。この近接した二つの巨大地震が東海・南海地震であったとすれば、後世にも同様に近接して起こった事例はある。
　これらの地震後は、いずれも改元され、嘉保《かほう》三年が永長元年に、承徳《じょうとく》三年が康和元年となったものである。しかし、断片的な史料のみで、その後の対策や復興について知ることは出来ない。

噴火災害の実態

富士山三大噴火

富士山には三大噴火といわれる噴火活動があるが、その二つは平安時代初期に起こっている。一つは延暦《えんりやく》一九年（八〇〇）、いま一つは貞観六年（八六四）の噴火で、六国史にその記録が残っている。延暦年間は平安京に遷都した桓武《かんむ》天皇の治世で、遷都して六年目にあたる。朝廷では藤原種継《たねつぐ》暗殺事件（七八五）で廃太子した早良《さわら》親王の怨霊に恐れおののいていたころである。一方、貞観六年は、前年に咳逆病《がいぎやくびょう》（インフルエンザ）が流行し、大納言伴善男《とものよしお》と左大臣源信《さだいじんみなもとのまこと》の対立が激化するなど、応天門の変（八六六）にさきがけて、物情騒然としだしたころにあたる。

前者は『日本後紀《にほんこうき》』（欠巻があり、六国史を抄録した『日本紀略』によって補うことができる）に、

（六月六日の）駿河国の報告によれば、去三月一四日より四月一八日まで、富士山嶺が噴火し、昼は噴煙で暗くなり、夜は噴火光が天を焦がした。その音は雷のようであり、灰は雨の如くに降った。下流の川はみな紅色に染まった

と、簡略ながら噴火の様子を伝えている。噴火爆発とそれにともなう大量の降灰、溶岩流の流下が知られるが、被害状況は不明である。ついで同二一年の桓武天皇の勅《ちょく》によれば、

駿河・相摸国《さがみ》（神奈川）の報告によれば、駿河国の富士山、昼夜を問わず噴火しており、砂礫《されき》が霰《あられ》のように降る、という

とみえ、この年の五月には、富士山の噴火による焼砕石が道を塞いだため、足柄路《あしがら》を廃止して箱根路《はこね》を開いている。延暦一九年の噴火が継続していたとは思われないので、再噴火であろうか。噴石が堆積して道を塞ぐほどであったことが知られる。『本朝文粋《ほんちょうもんずい》』という史料にみえる平安時代前期の官人で学者であった都良香《みやこのよしか》の「富士山記」によれば、このときの噴火で富士山東麓に小山が出来たことがわかる。延暦新山、あるいは小富士とよぶ。

箱根路

その他の被害状況はわからないが、足柄路が埋もれたことによって新しく箱根路を開いたことは緊急の復興策の一つであった。足柄峠は標高約七五〇メートル《メートル》、一方、箱根峠は八五〇メートル《メートル》であるが、距離は後者の方が短い。恐らく、これ以前から箱根路は間道《かんどう》としてあったのであろうが、峻険《しゅんけん》なため長くても少しは楽な足柄路が公道

とされていたものとみられている。交通の要所であり、命令伝達や税収確保のために必要であったことが、この施策に結びついたものであろう。一年後には箱根路を廃して再び足柄路に復旧しているので、当時は足柄路がより重要な交通路であったことがわかる（なお、中世以降、箱根路をとる人が多くなる）。被災地でも政府にとって重要な箇所は早急に手当がなされたことがわかる。

また、延暦二一年九月には「伊賀《いが》、伊勢、尾張《おわり》、参河《みかわ》、遠江《とおとうみ》、駿河、伊豆《いず》、甲斐《かい》、武蔵、上総《かずさ》、下総《しもうさ》、常陸《ひたち》、近江、美濃、上野《こうずけ》、下野《しもつけ》、越前《えちぜん》、越中《えっちゅう》、能登《のと》、越後《えちご》、丹波《たんば》、丹《たん》後《ご》、但馬《たじま》、因幡《いなば》、伯耆《ほうき》、出雲《いずも》、石見《いわみ》、周防《すおう》、長門《ながと》、伊予《いよ》、土左等」の三一ヵ国が損田《そんでん》（天災などによって収穫が損なわれた田を実見して免税とするもの）の対象地域となっているのだが、大半は恐らく台風被害によるものと思われるが、関東・東海地域は富士山噴火の被害による可能性もある。とすれば、被災地域への対策の一つであったといえよう。

いま一つの貞観六年噴火は『日本三代実録』に詳しい。

貞観大噴火

五月二五日の駿河国の報告によれば、

富士山が大噴火して、その勢いはすさまじい。山は一、二里（一里約六五〇〔メートル〕）四方ほど焼け、光炎は高さ二〇丈（約二〇〇〔メートル〕）ばかりにおよんだ。大きな雷のような音がして噴火地震が三度あった。十数日たっても噴火は納まらない。岩を焦がし嶺《みね》を崩し、沙石は雨のように降る。煙雲はモウモウと立ち上り、人は近づくことも出来ない。富士山の西北に本栖湖《もとすこ》があったが、焼かれた岩石が流れ込んで湖中を埋めた。遠くは四〇里ばかり、広さ三、四里ばかり、高さ二、三丈ばかりに達した。火焔《かえん》はついに甲斐国堺にまで達した

という。ついで七月一七日の甲斐国（山梨）の報告によれば、

駿河国の富士山が大噴火して、火砕流が岡を焼砕き、草木を焼き尽くし、溶岩流が八《やつ》代郡《しろぐん》の本栖湖と剗《せ》の海《うみ》（このとき分断して、西湖《さいこ》と精進湖になった）に流れ込んで埋め、湖水は熱湯のようになり魚はみな死んだ。百姓の居宅も湖とともに埋もれ、家はあっても無人となったものは数えきれない。本栖湖と剗の海の東に、いま一つ湖があり、河口湖というが、溶岩流は河口湖にまで向かった

という。富士山大噴火のすさまじい様子が簡潔に伝えられている。ちなみに、この溶岩流は、北西山麓の長尾山という寄生火山から流れ出したもので、現在青木ヶ原《あおきがはら》丸尾とよばれている。

しかし、溶岩流が湖を分断するなど驚くべき光景は述べられているのだが、被災状況についてはほとんど伝えられていない。わずかに、甲斐国の報告に溶岩流によって民家が被災し、多くの犠牲者が出たのではないかと思われる記述が残るのみである。古代にあって

図１　剗の海（富士山自然学校提供）

富士山麓にそれほど多くの民が居住していたとは思われないから、後世ほどには被災状況が大きかったということはないのであろう。朝廷は八月に入って、占いの結果、浅間神社《せんげんじんじゃ》の神主たちが慎み敬うことを怠ったからであるとして、甲斐の国司に奉幣《ほうへい》鎮謝するよう指示したことが『日本三代実録』にみえる。富士山大噴火が科学的に理解しえない古代における対応策の一つである。

浅間山の大噴火　古代の噴火災害では、後世にも大きな被害をもたらしたものとして、富士山のほかに浅間山《あさまやま》の噴火がある。浅間山の大噴火は縄文時代以来少なくとも九回はあったとされ、文献に残る大きな噴火では天仁元年《てんにん》（一一〇八）と天明三年《てんめい》（一七八三）があり、大規模な噴火は七〇〇年ほどの間隔をおいて発生している。天仁元年は前年に幼少の鳥羽《とば》天皇を即位させた白河法皇が、全面的に政務を掌握して名実ともに「治天《ちてん》の君《きみ》」として君臨したころである。

天仁元年の大噴火は大きな被害を出した天明三年をはるかに上回る規模であった。大爆発による堆積物は、群馬県から東に向かって、太平洋にまで達したことが知られており、長野県軽井沢《かるいざわ》で三《メートル》以上におよび、噴火後の火砕流の堆積は最大で八《メートル》にも達するという。

平安末期の貴族、藤原宗忠（当時は権中納言）の日記『中右記』の九月五日条には、左中弁《さちゅうべん》の藤原長忠《ながただ》から聞いた話として、

上野国にある浅間山が、七月二一日に大噴火し、その噴煙は天にまで達し、沙礫が上野国中に降り注いだ。焼け残った砂石が庭に積もって国内の田畠はすべて埋もれてしまった

といい、「一国の災害では未曽有のことであり、珍しいので日記に記載する」と記している。まさに壊滅的被害といっても過言ではないが、藤原宗忠の伝聞が誇張でないことは、近年の発掘の成果から証明されている。群馬県下の平野部では前橋《まえばし》・高崎《たかさき》周辺で一〇〜二〇《センチ》の堆積物を検出しており、諸条件を勘案すれば、噴火直後の厚さは四〇〜五〇《センチ》ほど

にもなるという。この辺りは上野国府周辺にあたり、豊かな水田地帯であったところである。そこを埋め尽くした分厚い降灰層は被災地の人々を苦しめたであろうことは想像に難くない。では、どのように人々は生活を立て直したのであろうか。

復興の様子

この激甚な災害については、発掘から復興の様子が明らかになっている。

国府周辺地域では水田の復旧が行われたものの、赤城山麓《あかぎさんろく》では火山灰の降下堆積によって水田は放棄され、そのうえに広大な畠を耕作するようになったのである。被災地の人々は他所へ移住することなく、その地に居住し続けたのであり、長期間を要して水田から畠耕作に生活基盤を転換することによって復興を成し遂げていったものと思われる。そして、この復興過程で、再開発地が豪族などの私領として広範囲に出現し、荘《しょう》園《えん》設立ラッシュとでもいうべき現象を生む。

ところで、これより三〇〇年ほど前の弘仁九年（八一八）、関東一帯を巨大地震が襲った。マグニチュード七・五超と推定され、山が崩れて谷を埋めること数里、圧死者多数という被害を出したのだが、これに対して朝廷は使者を派遣して被災状況を視察させ、被害が甚だしい者には施しを行い、税を免除して飢えることがないように配慮し、家屋の修理や圧死者の埋葬を命じている。平安末期の朝廷にこれほどの実行力があったかは疑問無しとしないが、天仁元年噴火の被災者に対しても何がしかの緊急対策は行われたのではなかろうか。そうした救いのうえに、水田復旧の労働力提供や畠造成の復興作業がなしえたものとみなしたい。

風水害を生きぬく

古代の農業は多少の水旱《すいかん》で大きな影響を受けた。台風や豪雨、長雨等は物的人的被害のみならず、農業を損《そこ》ない、飢饉や疫病といった災害にも結びつく原因ともなった。

欽明天皇二八年の大水飢饉

古代の風水害の記録で人的被害をもたらした早い例では、『日本書紀』欽明《きんめい》天皇二八年条に、

諸国に大水があり飢饉があった。人が食いあうような事態であったので、近傍《きんぼう》の郡の穀を輸送して救わせた

とある。しかし、どれほど事実に基づくのかは不明である。そこで、史料として信憑性の高い六国史をみると、頻繁《ひんぱん》に祈止雨《きしう》の記事がみられる。雨が降り続くのを神社への奉幣に

よって止めようとしたものであるが、農作物への影響を考慮したものではあっても、必ずしも物的人的被害をもたらした災害が頻発したわけではない。

八世紀の風水害

風水害で激甚な災害と認められるものとしては、『続日本紀』にみえる天平勝宝《てんぴょうしょうほう》五年（七五三）の摂津国（大阪）の被害がある。

摂津国御津村《みつむら》では、南風が大いに吹いたため高潮が押し寄せて家屋百十余ヵ所が損壊し、人民五六〇人余りが流され沈んだ

朝廷は、被災者に施しをするとともに、海浜に居住する者を難波京《なにわきょう》に空き地を与えて移り住まわせている。恐らく、高潮に見舞われた海浜地域は復興困難とみて、移住させたものであろう。被災者は新たな地で再び家屋を建てることから始めたのではなかろうか。

また、宝亀《ほうき》六年（七七五）の伊勢、尾張（愛知）、美濃を襲った風水害は、

異常な風雨があり、人民三〇〇人余りと、牛馬一〇〇〇頭余りが流されて水没し、そのうえ国分寺《こくぶんじ》や諸寺の塔が一九基も倒壊した。官や個人の家屋で倒壊したものは数え切れないほどである

との報告を載せている。朝廷は使いを派遣して伊勢の斎宮《さいぐう》を修理させるとともに、諸国の被害状況を調査させている。斎宮は朝廷の神事に重要な役割を果たすところであるが、こうした重要施設は即座に修復された。被災者の調査も行われていることから、その程度に

応じて施しが行われたのであろう。

『日本後紀』大同元年《だいどう》（八〇六）の詔に、

それ百姓の水流によって資産を失う者に量《はか》り加え支給せよ

とみえる。霖雨《りんう》（長雨）による被災者に対する施しを命じたものであるが、資産を失った者があったことから、長雨にともなう洪水土石流災害等があったのかもしれない。この詔は桓武天皇の跡を継いだ平城《へいぜい》天皇が即位後間もなく出したものであるが、単なる即位早々に仁政《じんせい》を示すという形式的なものではなく、かなり深刻な水害を憂慮した内容と受け取れる。翌日（八月四日）の記事には、

畿内の水害を蒙る百姓の調徭《ちょうよう》（税）を免除せよ。その正税《しょうぜい》（税）は、明年納めることを許せ。全国にまた施しをせよ

とあり、時期的にみても畿内を中心とした雨台風の被害であった可能性が高い。さらに八月には、

この月、霖雨が止まず、洪水氾濫《はんらん》して全国に多く被害があった

という記事を載せており、その後も長雨が続いて全国的に洪水被害が多出した様子がうかがわれる。このように、風水害の場合、被害はかなり広範囲に、しかも長期的にあらわれるのである。

九世紀の風水害

また、『日本文徳《もんとく》天皇実録』によれば、嘉祥《かしょう》元年（八四八）八月に、洪水浩々として人畜が流された。河陽《かや》橋（山崎橋）が断絶してわずかに六間《けん》（約一〇メートル）を残すのみとなった。宇治橋は傾き破損し、茨田堤《まんだのつつみ》（淀川の氾濫を防ぐために設けられた堤）は所々崩れた。老人がいうには、大同元年の大水に倍して、四、五尺（一・二〜一・五メートル）にもなった

とある。大同元年の水害記事については先に述べたが、それ以上であったとすると、相当に大きな水害であったとみてよいであろう。

こうした風水害についての復興はほとんど記載されない国史ではあるが、珍しく山崎橋の崩壊については文徳天皇の指示により、中納言安倍《あべの》朝臣《あそん》安仁《あに》・源朝臣弘《ひろむ》・参議《さんぎ》滋野《しげのの》朝臣貞主《さだぬし》・伴宿禰《すくね》善男等が派遣され、安全な地を求めて架橋されたことを記している。

なお、山崎橋は淀川に大山崎から対岸に向かって架けられていたとされる橋だが、承和《じょうわ》八年（八四一）にも洪水のために落ちており、しばしば洪水の被害を受けた。天安《てんあん》元年（八五七）には、橋の南北に橋守を置くことが定められ、洪水があった場合の処置が決められたことから、山崎橋の重要性が知られる。

こうした朝廷にとって重要な箇所は早急に手当がなされたのだが、流された家屋や民衆がその後どうなったかは何も語らない。

『日本文徳天皇実録』に続く『日本三代実録』は、それ以前の国史に比して記事が詳細になり、被害状況も詳しくなる。貞観一六年（八七四）の大風雨被害は以下のように記載されている。

宮中の木々が皆吹き倒され、官舎や人々の家々で無事であったものは稀《まれ》であった。京に流入した洪水は七、八尺にもおよんだ。その水流は激しく平安京を直撃し、大小の橋を押し流し、朱雀大路《すざくおおじ》の豊財坊門《ほうざいぼうもん》が倒壊して兵士とその妻子四人が圧死した。また、東西の河は氾濫して百姓や牛馬が溺れ、死者は数え切れないほどであった。淀の渡口の三〇家ばかり、山崎橋南の四〇家ばかりが流されたが、家人は一緒に流された者が多かった等々

この大風雨に対して朝廷は畿内諸神に奉幣して風雨が止むことを祈ったが、このときの洪水は嘉祥元年よりも六尺以上も大きかったといわれたから三《メートル》ほどにも達したのであろうか。激しい雨台風であったようで、平安京はこれ以前も以後も賀茂川の氾濫に悩まされるのだが、そのたびに数多くの人が溺死し、家財が流失したものと思われる。

これ以前の貞観一一年には、肥後国を大風雨が襲っている。

瓦を飛ばし、木々を吹き倒し、官舎や人々の家々が多く倒壊して圧死する者は数え切れないほどであった。高潮が起こって六郡が漂没した。水が引いた後に流失した官物

を探したが、一〇のうち五、六はみつからなかった。海から山に至る間の田園数百里が陥没して海となった

という大きな被害が出ている。このほかにも『日本三代実録』には、風雨によって家屋が倒壊して死者を出したり、洪水で人馬通ぜずといった被害が散見する。

こうした風水害の復興は、風雨を止める祈願を行ったり、被災者への施しを行ったりする緊急の処置のほかは記事にみることは出来ないが、門や官舎といった公的建造物や橋《きょう》梁《りょう》などは早急に再建されたのであろう。

一〇世紀の風水害

一〇世紀においても風水害は後を絶たない。『日本紀略』にみえる天慶七年（九四四）の大風暴雨では、「諸司の官舎、京中の家々、顚倒《てんとう》するものは数え切れない」とあり、天暦《てんりゃく》元年（九四七）の大風では、「大風が猛烈で、京中の家々は顚倒し、あるいは破壊された」とある。宮中の建物や諸門も顚倒したほか、河水が溢《あふ》れたとある。

康保《こうほう》三年（九六六）閏八月の洪水では、

あるいは人家が流失し、あるいは資産が漂没した。また西獄の垣根は、洪水によって五、六条も破壊された。西河に至っては広く果てしなく、海のようであった

といい、九月には被害者に施しを行い、被害のもっとも甚だしい者には当年の調徭（税）

を免じている。

なかでも永祚《えいそ》元年（九八九）の大風被害は大きかった。この時期は一条天皇初期で外祖父藤原兼家《かねいえ》が摂政として政権を掌握していた。郡司・百姓らに非法を訴えられた尾張守《おわりのかみ》藤原元命《もとなが》が解任されたのもこの年であった。

平安宮城の殿舎廻廊諸門等の多くが顚倒し、左右京の人家で顚倒し破壊されたものは数え切れないほどであった。また、賀茂川堤は所々流損し、賀茂社《かもしや》や石清水宮《いわしみずのみや》、祇園《ぎおん》などの堂舎が倒壊した。さらには洪水高潮が起こって畿内の海浜河辺の人々や家畜、田畑をみな漂没させた。その死亡損害は計り知れず、天下の大災としては例が無いほどであった

と『日本紀略』に記された。

この大風は説話物語である『今昔物語集《こんじやくものがたりしゆう》』にも描かれ、「突然につむじかぜが起こり、その強いことは異常であった」（巻一二第二〇話）とあり、また、この大風で、比叡山《ひえいざん》の堂舎・宝塔等が多く吹き飛ばされ、高さ八尺（約二四〇チセン）もある東塔の大鐘が転がり落ち、先々で七つの房を打ち倒して、谷底へ落ちていったと伝える（巻一九第三八話）。のちまで「永祚の風」として伝えられた大きな被害をもたらした台風であった。

賀茂川堤については、賀茂川が決壊するたびに防鴨河使《ぼうかし》という官職が置かれ、被害調査

が行われ、公卿の巡検があって、修築に見合う費用を算出して、五畿内および周辺諸国に割当てられた。修築が終わると覆勘使《ふくかんし》が検査確認した。こうした手順で復興がなされても、当時の技術力ではいかんともし難く、賀茂川の氾濫は収まらず、風水害のたびごとに決壊を繰り返したのである。

一一世紀の風水害

一一世紀には貴族の日記が平安京中の災害について記録している。この時期は主として一条・三条・後一条天皇の治世にあたり、藤原道長《みちなが》の政権下で比較的政局は安定していた時期である。以下ではのちに小野宮《おののみや》右大臣とよばれた藤原実資《さねすけ》の日記『小右記《しょうゆうき》』から紹介しよう。寛弘《かんこう》五年（一〇〇八）には、

日頃雨が頻《しき》りに降る。晴の日は少なく、諸国は連日の雨を愁《うれ》えているという云々。都では人々の間で飢饉が起こっている。また、水害にあった者が増加する傾向にある云々。秋の長雨による天災で祈禱すべきであろうか

とみえる。長雨で飢饉が起こりつつあること、水害の被災者の増加の様子を伝え聞いており、祈禱によってこれを回避すべきかと考えたことが知られる。

長和《ちょうわ》四年（一〇一五）には、文章博士《もんじょうはかせ》菅原宣義《すがわらののぶよし》らが大風で顚倒した住居にあって奇跡的に無事であったことを記しているが、同じ出来事を藤原道長はその日記『御堂関白記《みどうかんぱくき》』に、

朝の間大風があり、所々破壊され、大木が顚倒したが、午後には風が止んだ。（中略）いま文章博士宜義朝臣の住宅が顚倒し、宜義はその内に閉じ込められ、掘り出された云々

と記している。地震でも建物は倒壊するが、こうした大風でも多くの建物が倒壊し、圧死する者も少なくなかったのである。

平安時代中期、のちに参議左大弁《さだいべん》となった源　経頼《みなもとのつねより》の日記『左経記《さけいき》』には寛仁《かんにん》元年（一〇一七）の賀茂川の氾濫について、

終日甚だしい雨が降っている。去る夕方より賀茂川が氾濫して富　小路《とみのこうじ》以東はすでに海のようだ云々。伝え聞くところによると、悲田院《ひでんいん》（病者・孤児の収容救済施設）の病者三〇〇人余りが洪水に流された云々

と伝聞ではあるが、被害を記している。また、同じ災害を『小右記』は、

昨日よりの大雨は災難というべきであろう。近年まれに見る三日二夜の甚だしい雨である。（中略）一条より北の堤が破れて、鴨河の水が京中に流入し、流れは廊下の板敷の上より、漸次《ぜんじ》寝屋にまでおよんだ。（中略）京極大路《きょうごくおおじ》・富小路等は巨海のようであった。京極辺の宅もみな流損した

と記し、近年、このような大水はなかったことである、と驚きを隠さない。

先にも触れたが、賀茂川が決壊して起こる水害はたびたび都を襲ったが、平安朝末期においても、白河法皇は「賀茂川の水、双六《すごろく》の賽《さい》、山法師《やまほうし》（延暦寺の僧兵）、これらは自分の意のままにならぬものだ」と歎《なげ》いたと伝えられるように、繰り返されたのである。

『左経記』にはいまひとつ大きな風水害を記載している。長元《ちょうげん》七年（一〇三四）八月九日条には、

昨日より雨が降るなか、終夜終日が殊《こと》に甚だしかった。きっと田舎は愁えていることであろう。（中略）夜半におよび風は巽《たつみ》（東南）になり、その勢いは甚だ盛んであった。樹木、中門の塀が所々倒れ、雑舎もみな倒壊した。成人になって以後、これほどの風はみたことがない

と記し、その後、追々被害状況を伝え聞いて書き記している。一二日条には、

人々がいうには、大風の夜洪水があった。淀、山崎、河尻、長洲辺の人や家畜、家屋、財産など多くが失われた。また諸国の船も流されたという。（中略）役所の所々、京畿内の家々、神社や仏寺の木々が顚倒したという。風勢は永祚に劣るが、物損はその年に勝るという

「永祚の風」といわれて大きな被害を出した永祚元年（九八九）の台風以上の物的被害を出したというのであるから、相当に大きな被害状況であったといえる。

風水害からの復興

風水害ののちの復興は、昨年の東北大地震津波の後の状況に似ていたのではなかろうか。水が引いた後には倒壊し破壊された建物の残骸などが堆積し、流死した遺体が散在したであろう。まずは、埋葬と瓦礫《がれき》となった堆積物の後片付けが必要であり、その後に建物の再建などが進められることになったのであろう。それは、朝廷に必要な建造物が優先され、人々は仮小屋程度のものに住むほかなかったのではなかろうか。現在も三・一一大震災の津波の後片付けが終わっていないことを鑑《かんが》みれば、機械化していない古代にあっては、復興にかなり長期間を要したであろうと想像されるのである。

疫病の蔓延

天然痘

現代でもインフルエンザやSARS《サーズ》、結核や肝炎などの感染症で命を落とす者は少なくないが、日本の古代においてもっとも猖獗《しょうけつ》をきわめたのは天然痘《てんねんとう》（疱瘡《ほうそう》）である。天然痘を含めた感染症を疫病とよぶが、八世紀から一一世紀末までの法令等を、部目別に分類して編集した法令集である『類聚符宣抄《るいじゅうふせんしょう》』という史料には、天平七年（七三五）から長元九年（一〇三六）まで、平均三〇年の間隔で疱瘡が大流行したことがみえる。

最も古い記録では、『日本書紀』によれば、崇神《すじん》天皇五年に「国内に疾疫が多く、人民で死亡する者があってその数は人口の半ばを超えようとした」とあるのだが、事実としての信憑性に欠ける。

奈良時代に入って、天平七年から同九年にかけて天然痘が大流行した。『続日本紀』天平七年末の記事には、

夏から冬に至るまで、全国的に豌豆瘡《わんずそう》（天然痘）を患《わずら》って、若死にする者が多かった

とあるのだが、天平九年に入って猖獗をきわめた。

四月に大宰府《だざいふ》での天然痘の流行が伝えられ、朝廷は諸社に奉幣したり、祈禱させたりした。また、貧しく病にかかっている人の家に施しを行うとともに、煎じ薬を給して治療させている。しかし、この年には上級貴族までが相継いで死亡するに至り、年末の記事として、

この年の春、瘡のできる疫病が大流行した。初め九州より伝染し、夏を経て秋にまでわたって、公卿以下、天下の人民が相継いで死亡し、その数は数え切れないほどであった。このようなことは最近までなかったことである

とみえる。

天平九年の疫瘡《えきそう》（天然痘）大流行のときは、藤原四子《よんし》（武智麻呂《むちまろ》・房前《ふささき》・宇合《うまかい》・麻呂《まろ》）ら議政官官人《ぎせいかんかんじん》（現在の国務大臣）が相次いで死亡し、参議（議政官最下位）であった橘諸兄《たちばなのもろえ》が急遽大納言《だいなごん》に任ぜられて政権を掌握している。いまでいう内閣上層部が疫病で一掃されてしまったのである。貴族層にすら、このように大勢の死者を出したのであるから、それ

よりも生活環境の劣った庶民に至っては、どれほど死亡したか計り知れないであろう。

平安時代前・中期の流行

平安時代前期にも天然痘は再三の大流行をみた。六国史によれば、大同三年（八〇八）の平城天皇の勅には「去年以来、疫病が流行して横斃《おうへい》する者が多い」と述べており、弘仁《こうにん》九年（八一八）の嵯峨《さが》天皇の詔には「むかし天平の年も、またこの変があった。この疫癘《えきれい》（天然痘）のために、国内はすっかり衰えた」とある。仁寿《にんじゅ》三年（八五三）には、「都及び全国的に、多くが皰瘡《ほうそう》（天然痘）を患《わずら》って、死ぬ者が甚だ多い。天平九年および弘仁五年にこの瘡の患いがあった。」と記述されるなど枚挙にいとまがない。

平安時代も中期、藤原道長の栄耀栄華《えいようえいが》の前後にも大流行があった。『日本紀略』によれば、正暦《しょうりゃく》五年（九九四）七月の記事には、

四月から七月に至るまでで、都の死者は半ばを超えた。五位以上の貴族で六七人にもなった

とあり、年末の記事には、

今年、正月から一二月に至るまでで、天下の疫癘《えきれい》は最も盛んであった。鎮西《ちんぜい》（大宰府）より起こって遍《あま》ねく全国に充満した

と記す。このときも九州から全国に広まったことが知られる。さらにその翌年の長徳《ちょうとく》元

年（九九五）には、

今年四、五月、疫癘が殊《こと》に盛んであった。中納言以上で死亡した者八人。七月に至って沈静化した

とみえ、毎年のごとく疫病が大流行して多くの死者を出しているのである。

この年の議政官は、『公卿補任《くぎょうぶにん》』（年ごとに公卿の氏名・官歴を記した職員録）によれば二二人。うち中納言以上が一四人で、中納言以上で残ったのは、藤原伊周《これちか》、藤原道長ら四人に過ぎない（二人は別の死因）。この後、伊周と道長の間で権力争いが起こり、道長が姉の東三条院詮子《せんし》の支持も得て権力を獲得し、平安時代を象徴する摂関政治、藤原道長の権勢確立の第一歩となったのである。

多くの犠牲者を出した疫病大流行も、藤原道長にとっては上級貴族が根こそぎいなくなるということで、権力を摑《つか》む糸口となった点では幸運であったことになる。それはともかくとして、天平九年時にもみたように、疫病大流行は政権担当者をも容赦なく倒すのであり、新たに補充人事が行われて新政権を生むのである。これは政治面での復興といえるだろう。

疫病の流行はその後も続いた。『日本紀略』にみえる長徳四年の疱瘡大流行では、

今年、天下夏より冬に至って、疫瘡が蔓延《まんえん》した。六、七月の間、都の男女で死ぬ者が

甚だ多かった。庶民は死ななかったが、四位以下の官人の人妻の死亡が最も甚だしかった。これを赤斑瘡《あかもがさ》という。一条天皇から庶民に至るまで、上下老少みなこの瘡を免れることは無かった。ただ、前《さきの》信濃守佐伯公行《さえききみゆき》のみは罹患《りかん》しなかったとみえる。

長保二年（一〇〇〇）冬から翌三年の夏にかけても疫病は大流行した。長保二年には、今年冬、疫死する者が甚だ多かった。鎮西より都に伝染してきたとみえ、翌三年には、

去る冬から始まって、今年七月に至るまで、全国で疫死する者が非常に多かった。道路に捨てられた死骸は数えきれない。まして埋葬された者の数などわかろうはずがない。幾万人死んだか知れない

というすさまじさであった。

こうした疫病の流行はほかにも多く記載がみられるが、古代においては、疫病は飢饉と同じくほかの災害を遥《はる》かに超える人的被害をもたらす点に特徴がある。異常に多い死者は埋葬も追いつかず、死体は道路に放置され、その多くが腐敗することになる。『本朝世紀』という史料によれば、正暦五年（九九四）四月の情景を、

京中の道路上に、借屋《かりや》を構えて薦《むしろ》で覆っただけのところに、死にそうな病人を出して

置く。あるいは空車に乗せ、あるいは人をして薬王寺に運ばせる云々。しかるに死亡する者が多く、道路に死骸が満ちている。行き来する者は、鼻を塞いで過ぎ去る。鳥や犬は死体を喰《く》い飽きて、骸骨が街中を覆っている

と、その有様を生々しく伝えている。

平安時代後期の流行

『中右記』によれば、嘉承《かしょう》元年（一一〇六）にも疫病は大流行したことがわかる。五月には、

最近、天下に疾疫が蔓延している。道路には骸骨が積み上げられている。

そのため（疫病を鎮めるために）祈禱が行われた。ただし、民衆が多く病んでおり、身分の高い者にはおよんでいない

とみえ、六月には、

早世する者は数え切れないほどである。京中の路上や賀茂河原あたりには、近日骸骨が積み上げられている。大疫というべきである

と記されている。ひとたび疫病が大流行すれば死体の山を築いたといっても過言ではない。人々は疫病が沈静化するのを待って、死体を埋葬することから始めて、しだいに日常の生活を取り戻すのであろう。ここには復興というものはない。あるとすれば、主のいなくなった田畑が荒れ地となるのを防ぐために新たに労働力が投入されたり、主のいない家々

に住み着いたり、あるいは取り壊されて別の建物が建てられたりすることなどが考えられる。その点でもほかの災害とは趣きを異にしたのである。

旱魃・飢饉・大火

旱魃

古代においては水利技術が低いため、旱魃は不作に直結する。古くは『日本書紀』舒明《じょめい》天皇八年の記事に「この年、大旱《たいかん》で天下が飢えた。」とある。『日本書紀』において史料的に信憑性の高くなる天武天皇以降の記事では、天武天皇五年（六七六）に、

この夏、大旱であった。四方に使を遣わして、幣帛《へいはく》を捧げて諸神に祈った。また僧尼をよんで仏にも祈ったが、依然として雨は降らなかった。このため、五穀は稔《みの》らず、百姓が飢えた

とある。旱魃そのものはかならずしも災害とはいえないが、旱魃は凶作を招き飢饉に直結する点で災害であった。その後の国史には、「祈雨《きう》」の記事が頻出する。長雨や大雨は災

害となるので「止雨《しう》」を祈るが、それ以上に雨の少ない状況は朝廷にとって問題であった。旱魃では奉幣や祈禱のほか、被災地の民への施しや税の免除などの対応が取られたことは、他の災害に同じである。

ところで、弘仁五年（八一四）の嵯峨天皇の勅には、

畿内（京都・奈良・大阪）、近江、丹波（兵庫）等の国は、近年、旱魃が頻りに起こっており、苗が多く損なわれている。国司が黙然としているから百姓が害を受けるのである。禍福は必ず国の役人によって起こるのだ。今後、若し旱があれば、国司の長官は身を清めて祈禱し、慎《つつし》んで政務を行い、馴れ合って穢《けが》れることのないようにせよ

と述べており、旱魃は国司の責任であるとしている。確かに、令《りょう》規定（法律）には国司の職務として百姓を慈《いつく》しんで農業を勧めることなどがあるが、自然現象である旱魃まで責任を負わされてはたまらない。しかし、国司が地方行政の責任を負っているのであり、結局のところ、災害からの復興も国司の手腕に委ねられていたということなのである。

二次災害としての飢饉

さて、旱魃はその結果としてあらわれる飢饉としてあらわれる災害である。六国史には「○○国飢」といった簡単な漢文記事が頻出する。もちろん飢饉は旱魃ばかりではない。風水害や疫病の蔓延も飢饉の原因になるし、大地震や噴火も被災地によっては飢饉に繋がる、いわゆる二次災害となる。

六国史にみえる飢饉記事はおおむね簡略なので、いったいどれほどの災害であったのかは明らかではないが、たとえば、『続日本紀』の天平勝宝元年（七四九）の記事には、

近年、頻りに旱魃が起こり、五穀は稔らない。官人の妻子に飢乏《きぼう》する者が多いので、文武官《ぶんぶかん》および諸家司《しょけいし》の米を給せ

とみえる。給与を保証されている官人の妻子が飢える状況から、庶民はより飢えていたのではないかと想像される。その飢えの程度まではわからないのだが。

一方、飢民に対しては朝廷の施しのほか、裕福な者が私物をもって養うこともあった。今風にいえばボランティアのようであるが、実は、こうした行為が朝廷に認められると位階を授けられるのである。これを献物叙位《けんぶつじょい》という。奈良時代後半から平安時代初期にかけて多くみられるが、目的がどの辺りにあったにせよ、飢民にとっては救いであったことに違いはない。

『日本紀略』にみえる弘仁九年（八一八）の公卿奏《くぎょうそう》（上級貴族たちによる意見具申）によれば、

近年、水害、旱魃が相次いでいます。百姓の農業は損害が少なくありません云々。そこで伏してお願い申し上げます。臣下の給料を削減して、しばらく国費の助けとしていただきたい。年をおって稔りがえられましたら、旧に復していただきたい

といい、嵯峨天皇の許可を得ている。旱魃のみならず水害も襲って、凶作になったのであろう。官人たちの給与を削減しなければならないほど税収に影響があったのであるから、被災地の状況は苛酷《かこく》であったと想像されよう。

一国の飢饉に対しては、他国から穀物を廻送するということも行われた。たとえば、『日本三代実録』にみえる元慶《がんぎょう》二年（八七八）の光孝天皇の勅によれば、

播磨《はりま》国（兵庫）の不動穀《ふどうこく》六〇〇〇斛《こく》を、和泉《いずみ》国（大阪）に回して、百姓に分かち与えよ。去年の旱魃による飢饉のためである

とある。こうした朝廷の対応に対して、庶民もなんとか飢えをしのごうとする。

飢民の防衛

貞観八年（八六六）六月の記事には、

この月、天下は大旱であった。民の多くが飢餓に苦しんだ。東堀河には鮎が多くいるので都人たちはこれを捕まえた

とある。旱魃で穀物が実らず、都にも食べるものが入ってこなくなったのであろうか。都の人々はなんとか飢えをしのごうと競って川魚を捕獲したのであろう。飢饉は為政者が食物を有る所から無い所へ、いかに迅速に回せるかで防ぐことが出来るのだが、有る所がなければそれもかなわない。飢民は生きるために何でも食することになる。『小右記』の長和五年には、「飢渇《きかつ》の百姓が食物の無いときには、葛根《くずね》を掘って食べる」との記述もみえ

る。

平安時代中期以降

平安時代中期以降にも貴族の日記に旱魃や飢饉は記載されているのだが、その多くは祈禱読経のことや儀式を停止するか否かといったもので、具体的な旱魃への対応や飢民救済についてはほとんど何も書いてはいない。貴族たちの関心が儀式を中心とした朝廷周辺の問題にあり、地方庶民への具体的対応は国司に請け負わせていたことによるのであろう。

ところで、史料には「飢疫」「旱疫」といった記述も多い。旱魃による凶作から飢饉となり、飢え死ぬ者が多いとそこから疫病が蔓延する。また、抵抗力の無くなった飢民は疫病に罹《かか》りやすい。こうした関連から往々にして旱魃↓飢饉↓疫病といった流れが出来上がるのである。

摂関期の大火

次に大火についてみよう。六国史には山火事や放火の記事はみえるが、大火の記載はみられない。一方、貴族の日記には散見する。五〇〇軒以上の延焼に至った火災を二、三紹介しよう。

藤原行成《ゆきなり》の日記『権記《ごんき》』には、寛弘八年（一〇一一）一一月の記事に、

夜半ばかり、上東門《じょうとうもん》の南、陽明門《ようめいもん》の北、帯刀町《たちはきまち》の東、西洞院《にしのとういん》路の西（中略）が焼亡した。すべて七〇〇家余りだというと云々

といい、長和五年（一〇一六）七月に上東門南より起こった大火は、京極の西、万里小路《までのこうじ》の東から出火して、焼亡は二条にまで至ったが、藤原道長の日記『御堂関白記』は、
おおよそ土御門大路《つちみかどおおじ》より二条北に至る五〇〇家余りが焼亡した
と記載している。このときには藤原道長の邸宅、土御門第も焼亡し、多くの宝物をはじめ庭木までも焼失したという。さらに摂関家ゆかりの法興院《ほうこういん》にも飛び火して一屋も残さず焼失したというから、かなり強い西風が吹いていたと推測されている。

また、万寿《まんじゅ》四年（一〇二七）正月の大火は『小右記』『日本紀略』によれば、中御門《なかみかど》富小路から出火して、三条大路の南まで焼亡し、一〇〇〇家余りが焼亡するという甚大な被害を出した。

火事はそのときの天候や風向きなどにもよるが、消防技術の稚拙《ちせつ》な古代にあっては、瞬《また》く間に延焼し、京中の家々を焼き尽くしたのである。

こうした大火は人的被害はともかく、物的被害は多大なものとなるが、それ以上に精神的衝撃は小さくない。とくにそれが象徴的建物であった場合はなおさらである。

内裏の焼亡はそうした精神的な打撃をともなうものであった。平安京の内裏《だいり》が初めて焼亡したのは村上《むらかみ》天皇の天徳《てんとく》四年（九六〇）である。その後再建されるがたびたび焼失した。失火の場合が多いが、なかには政治的な放火を疑われるものもある。

土御門第再建

内裏の再建は殿舎ごとに担当する国が決められ、責任分担によって行われた。同じような方式を取ったものに、先の藤原道長の土御門第再建がある。道長は息のかかった受領《ずりょう》（国司）たちに分担させたのである。藤原実資はその日記『小右記』に「聞いたこともない」と批判しているように、朝廷をまねた藤原道長という権力者ならではの再建方式であったといえる。

大火からの復興は、まず、焼け落ちた残骸の後片付けから始まるのであろう。内裏や公的建物、貴族などの邸宅は、早い段階で再建されたであろうが、権力をもたない庶民は容易に再建できるものではない。また、今とは違って、材木が容易に手に入る時代でもないから、焼け残った材木も利用したに違いない。再建出来ない庶民は人を頼って移り住むこともあったのではなかろうか。

古代の災害からの復興

古代における激甚災害をいくつかみてきたが、復興についてはほとんど史料がないのが現状である。しかしながら、近年の災害からの復興を念頭に置きながら、古代の歴史環境のなかで、ある程度推測することは可能である。

巨大地震や大風、大火などにあっては、倒壊や焼失した建物の片付け、死者があればその埋葬などが行われることは当然考えられるところであるが、被災者への施しや税の免除が復興への足がかりにもなったであろう。朝廷に関わる建物、あるいは重要な施設などは国家の手で復興が進められたのだが、被災した庶民は、取りあえずは仮小屋程度のものをつくって雨露をしのぐか、誰かに身を寄せるほかなかったであろうし、そこから先の再建は被災者自らが行うしかなかったと思われる。国司、あるいは郡司、都であれば京職《きょうしき》といった役所の指揮のもと、地域的に再建が進められたことも考えられるが、その労働力に被災者もあてられたとすれば、やはり被災者自身による復興であったといえよう。

飢饉や疫病などは大きな犠牲を出したとはいえ、旱魃や長雨の終焉《しゅうえん》、疫病の沈静化といった事態の改善があってはじめて復興ということになる。朝廷からの施しや税の免除などがあり、生き延びた者たちは乾ききった田畑に水を引き、あるいは泥沼化した田畑を排水し、積み重なった遺体を処理したのちは何かを再建するということではなく、長い時間を掛けて日常の生活を取り戻すほかなかったのである。ときには、旱魃や風水害が連年にわたる場合も珍しくなかったのであり、日常の生活を取り戻すほどに復興することは容易ではなかったと思われる。多くの犠牲者を出した被災地では、無主となった家や田畑に新しく人が入っていく、あるいは土地が収公される等、新しい展開が出現したであろうことも考えられよう。

水害については、養老令《ようろうりょう》の営繕令《えいぜんりょう》近大水条《きんたいすい》に、もし、洪水があって氾濫し、堤防を破壊して人的被害が出るようであれば、まずは修理せよ。ときを限らず、五〇〇人以上を徴発するときは使役し報告せよ。もし、危急ならば軍団の兵士をも徴発することが出来る

とある。小規模な工事なら自分たちで修理し、大工事となれば朝廷に報告するとともに、兵士も投入しえたのであり、兵士制が崩壊して以後も、大規模な風水害被害には国司や郡司など、地域権力による徴発なくしては復興は難しかったであろう。平安末期には、領主が人夫食料や堰溝料《えんこうりょう》等を支出して修理財源とする慣行が存在していたことが明らかになっており、用水路の掘削や土砂の除去などが近隣荘園の協力によって行われた。

噴火による被災地では、積もった火山灰等を取り除いて水田を復旧させることもあったが、それが難しい被災地では畠作に転じて生活を維持しようとした。それも長期間にわたる努力の結果である。しかし、より厳しい被災地にあっては、土地を放棄せざるをえないところもあったに違いない。そうした地域の被災者は、国家が集団移住を強制することもあったであろうが、ほかへ転出を余儀なくされ、「浮浪《ふろう》・逃亡」といった人々になったのではなかろうか。そうした人々には富裕層のもとに寄住して奴隷化する者もあったと思われる。それは、噴火に限らず、大地震や高潮で水没した地の人々などにもありえたことであるし、飢饉や疫病から逃れて本貫《ほんがん》（戸籍のある地）を捨てる者も少なくなかったと考え

られる。

「浮浪・逃亡」は、重い税負担を逃れるために行われるというのが一般的解釈であるが、こうした巨大災害からも少なからず発生したことも考慮されるべきであろう。「浮浪・逃亡」は本貫地に送還されることもあったが、所在地で新たに税を課せられるようになる。そうなれば、もはや復興とは縁のない存在となり、第二の人生を選択したということになろうか。

古代における災害からの復興とは、朝廷が何かを成した事例はほとんど記録に残っていない。国司や郡司を通じて何か具体的に事が行われたにせよ、被災者は基本的には自力で生活を再建するしかなかったものと思われる。被災状況によっては、それも叶いがたく、「浮浪・逃亡」といわれる存在になっていったのであろう。

中世災害と被災者たち

中世の大地震

　中世におけるマグニチュード七を超える巨大地震を『理科年表』によってみると、一五回を数える。このうち鎌倉時代（一一八五〜一三三三年）に五回、室町時代前期（〜一五世紀）に六回、室町時代後期（一六世紀）に四回とされる。

文治の大地震

　文治《ぶんじ》元年（一一八五）に起こった文治の大地震は、マグニチュード七・四とされ、近江・山城・大和を襲い、とくに京白河《しらかわ》辺りの被害が大きかった。この年は平家が壇《だん》ノ浦《うら》で滅びたが、源《みなもとの》義経《よしつね》と頼朝《よりとも》との不和が顕在化した年である。一方、京都では五月に疫病が流行している。

　公家の日記など諸記録を抜粋編集した歴史書『百練抄《ひゃくれんしょう》』には、

（七月九日）午時《うま》（正午頃）大地震があった。その音は雷のようであった。（中略）宮城の瓦垣や京中の民家は破損し、あるいは倒壊して、一つとして完全なものはなかった。なかでも大内裏《だいだいり》の日華門《にっかもん》、閑院《かんいん》の西辺廊が倒壊し、法勝寺《ほっしょうじ》阿弥陀堂も倒壊し、九重塔は破損、三面の築垣《ついがき》はみな倒壊した

とある。法勝寺九重塔は院政王権のシンボル的建造物で、倒壊こそ免れたが大きく破損したのである。内大臣中山忠親《ないだいじんなかやまただちか》はその日記『山槐記《さんかいき》』に、

目が眩《くら》み頭痛がして、心が穏やかでない。まるで船に乗っているようだ。天下の破滅はまさにこのときであろうか

と、大きな揺れに驚き惑っている様子がみえる。また、鴨長明《かものちょうめい》の随筆『方丈記《ほうじょうき》』には、

大地震があった。その様子は尋常ではなかった。山は崩れて河を埋め、津波が起こって陸地を襲った。地面は裂《さ》けて液状化し、岩が割れて谷に転《ころ》がり落ちた。渚《なぎさ》を行く船は波に漂《ただよ》い、道行く大きな揺れに馬は足の置き場に迷う。都あたりでは、在々所々、堂舎や塔廟《とうびょう》、一つとして完全なものはない。あるいは崩れ、あるいは倒壊した。塵《じん》灰《かい》が立ち上り、盛んな煙のようであった。地の動き、家の破壊する音は雷のようであった。家の内にいれば、たちまち倒壊しそうになる。走り出れば、地割れが起こる。羽がなければ、空も飛べない。龍であれば、雲にも乗ろう。これほど恐ろしいものは、

地震のほかにはない

と述べている。文飾や誇張があるとはいえ、直下型の大地震であったと推定されている。

永仁の大地震

次いで鎌倉時代における大地震では、鎌倉はじまって以来ともいわれた永仁《えいにん》元年（一二九三）の大地震がある。マグニチュードは約七と推定されている。正応《しょうおう》六年は天変・地震（関東）によって永仁元年と改元されるのだが、元寇《げんこう》（文永《ぶんえい》・弘安《こうあん》の役。一二七四・一二八一年）から一〇年余りになり、北条氏得宗《ほうじょうしとくそう》（当主）の専制支配があらわになるとともに、得宗被官の専権が幕政を左右するようになった。

正応六年四月二七日の午前六時頃に鎌倉周辺が激しく揺れ、建長寺《けんちょうじ》のほとんどの堂宇《どうう》が倒壊炎上したほか、諸寺に被害がでた。死者は数千とも二万三〇〇〇人ともいう。当時、鎌倉に住んでいた京都醍醐寺《だいごじ》の親玄僧正《しんげんそうじょう》が一二九二年からの三年間を記した『親玄僧正日記』には、

> 鎌倉の堂舎や民家がことごとく倒壊し、何千人死んだのかわからない。建長寺が倒壊して炎上し、遊佐《ゆさ》禅師影堂以外は残らず灰になった。翌日、由比ヶ浜《ゆいがはま》を歩くと、鳥居までの間に一四〇人もの死体が転がっていた

と書かれている。また、頼朝挙兵から一五世紀末までの歴史を綴《つづ》った『武家年代記《ぶけねんだいき》』の裏書きには、

山が崩れて人家が倒れ、関東で死者が二万三〇三四人、大慈寺《だいじじ》が倒壊して、建長寺が炎上した

とある。北条時政《ときまさ》から貞時《さだとき》に至る、執権《しっけん》北条氏九代の歴史を通俗的に記した戦記物語で、一三三三年頃に成立した『北条九代記』には、

俄《にわか》に大地震が起こり、海は湧き上がって陸を浸食し、山は崩れて谷を埋め、寺社をはじめ幕府の館、人家が倒壊して崩れる音、天地鳴動して泣き叫ぶ声、物も見分けがつかず、壁は倒れて棟は落ち、木っ端みじんに打ち砕かれ、あるいは真平らに押しつけられ、男女を問わず死んだ者は一万人におよんだ

と書かれている。数値の信憑性はともかく、相模トラフから発生したプレート境界の巨大地震の可能性が指摘され、大正一二年（一九二三）の関東大震災に匹敵する大地震と推定されている。

このおり、建長寺も倒壊炎上したが、これは鎌倉幕府にとっては物的被害のみならず精神的損害でもあった。地震から四年後には造営料が設定されて建長寺復興が進められている。

なお、この地震直後の四月二二日、執権北条貞時が内管領《うちかんれい》平頼綱《たいらのよりつな》を討滅した平禅門《へいぜんもん》の乱が起こっている。得宗専制を確立する契機となった事件として評価されるが、巨大地震

という世情不安における一種の集団ヒステリー状況のなかで発生したものとの指摘がある。

正平南海大地震

室町時代前期には正平《しょうへい》一六年（一三六一）に正平南海大地震が襲っている。マグニチュード八・二五〜八・五と推測され、南海トラフ沿いの巨大地震とみられている。この時期は北朝に後光厳《ごこうごん》天皇、南朝に後村上《ごむらかみ》天皇が立つ南北朝時代であり、室町幕府は二代将軍足利義詮《あしかがよしあきら》であったが、室町幕府の内紛が絶えず、それに呼応する南朝軍の京都進攻に再三おびやかされた時期であった。

北朝の廷臣、内大臣三条公忠《さんじょうきんただ》の日記『後愚昧記《ごぐまいき》』には、

> 六月二一日に大地震があった。近年このような大きな揺れはなかったことである。肝が潰《つぶ》れる思いであった

と記し、ついで二四日に、

> 正和《しょうわ》以後このようなことがあっただろうか。（中略）この暁《あかつき》、大地震で摂津（大阪）の四天王寺の金堂が倒壊して粉々になった。また、大塔の空輪が落下し、塔も傾いて危ういという

と伝聞を記し、五人が圧死したとも伝え聞いており、「前代未聞の珍事だ」と書いている。「正和以後」とは正和六年（一三一七）に京都を襲った大地震で白川辺りの人家がことごとく潰れ、死者五人がでたもので、余震も四ヵ月ほど続いた地震である。これによって「文《ぶん》

保《ぼう》」に改元された文保の大地震であるが、マグニチュード六・五〜七と推定されているから、正平南海大地震よりは地震規模が小さい。正平南海大地震では京都の被害が記載されていないので、京都の人々にとっては被害がほとんどなかったと思われる正平南海大地震よりは文保の大地震の方が強烈な印象を残したものであろう。

北朝の関白左大臣近衛道嗣《このえみちつぐ》の日記『後深心院関白記《ごしんじんいんかんぱくき》』の七月三日の記事に、伝え聞くところによると、去月二二日、同二四日の大地震のときに、熊野社頭《くまのしゃとう》ならびに仮殿《かりどの》以下、熊野三山の岩屋等がことごとく破壊されたという と記載しており、先の摂津のほか和歌山でも社寺に被害が出たことが知られる。

この地震で津波が摂津、阿波《あわ》（徳島）、土佐を襲ったことが『太平記《たいへいき》』にみえる。巻三六、大地震・夏雪事には、

摂津国の難波浦《なにわうら》沖が一時間ばかり干上がり、我先に魚を捕ろうとした海人たちが、俄に襲ってきた大山のような津波にのみ込まれて数百人が溺死した

という。また、

阿波の雪湊《ゆきみなと》という浦には、俄に太山のような津波が襲い、在家一七〇〇戸余り、ことごとく引潮につれて海底に沈んでしまった。家々にいた僧俗・男女、あるいは牛馬・鶏犬《けいけん》など、一つも残らず海の藻屑《もくず》となってしまった

と記している。『太平記』は軍記物語であり、すべての記述に信用がおけるわけではないが、津波災害碑である貞治《じょうじ》六年（一三六七）に地蔵尊を彫ったとされる貞治の碑および康暦《こうりゃく》二年（一三八〇）に建立された康暦碑が由岐《ゆき》町（現美波《みなみ》町）に現存しており、津波被害が裏付けられる。

この地は九州や土佐への中継地として栄えたといわれ、当時としては大きな港町であったと思われる。

この港町がどのように復興したのかを知る術はないが、六年後には碑が建立されていることからみて、五年ほどで一応の復興の目途が立ったのではなかろうか。

明応東海大地震

また、明応《めいおう》七年（一四九八）にはマグニチュード八・二〜八・四とされる明応東海大地震が起こっている。明応七年ころは、一〇代将軍足利《あしかが》義材《よしき》を廃し、一一代将軍義澄《よしずみ》（義高）を擁立した細川政元《ほそかわまさもと》によって細川家が管領《かんれい》の地位を独占したが、政元が政務を有力近臣に委ねたため、近臣（内衆）の抗争が激化したとされる時期である。のちに政元は永正《えいしょう》四年（一五〇七）内衆《うちしゅう》に殺害され、畿内周辺における戦国内乱の激化を招いたといわれる。

室町時代中期から戦国時代前期にかけての公家で、先の関白太政大臣であった准三宮《じゅんさんぐう》近衛政家《まさいえ》の日記『後法興院記《ごほうこういんき》』には、二五日午後二時頃に地震があった。伝え聞くところによると、去る月大地震の日（八月二五日）、伊勢・三河・駿河・伊豆を大津波が襲い、海辺の二、三十町（約一〇〇〇メートル）の民家がことごとく水没し、数千人が死亡したほか、牛馬の類は数え切れないほどであったという。前代未聞のことである

とある。京都に被害はほとんどなかったようだが、東海地方を大津波が襲ったことがわかる。その後、余震は四ヵ月にわたって続いた。『皇代記付年代記《こうだいき》』という史料には、

大地震で津波が襲い、伊勢国大湊《おおみなと》八幡社《はちまんしゃ》の松の梢《こずえ》を大船とともに超えて長居郷（現伊勢市御薗《みその》町）にまで押し寄せた。大湊では家数千軒余りが流失、五〇〇〇人余りが死亡した。ついで志摩国荒嶋では二五〇人余りが死亡。そのほかの海辺の郷里はことごとく流失し、死人が一〇〇人、五〇人と出た

と被害の詳細を伝えている。

この地震津波によって、もともと内陸の淡水湖だった浜名湖《はまなこ》（静岡）は、南端部が削り取られて海とつながった。このときに決壊した場所は「今切《いまぎれ》」とよばれ、その後は渡し船で往来するようになった。また、鎌倉の「長谷《はせ》の大仏」は大仏殿に安置されていたが、このときの津波で流され、今のように露天になったと伝えられる。

さて、享和《きようわ》四年（一八〇四）に書かれた「元田由来《もとだゆらい》」という史料によれば、

宮川の上山をぬけて津波が押し寄せ、塩屋村の家々を一時に大海に押し流した。塩浜も田畑も一面の荒野となってしまった。四、五人ばかり助かったものの、大切な御塩調進の儀が絶えることを歎《なげ》いたがどうしようもなく、そのうえ乱世の最中で誰も取り上げる者がなく、仕方なく大湊に引っ越さざるをえなかった。御塩の儀はその後、二見《ふたみ》より献上することとなった

と、津波後に荒廃した様子が記されている。大津波によって浜辺の集落は大きな被害を蒙り、塩浜や田畑は荒野となり、他所への移転を余儀無くされたのである。

「宗長手記」

ところで、連歌師《れんがし》宗長《そうちょう》が大永《だいえい》二年（一五二二）から同七年にかけて、郷里の駿河と京都の間の四度におよぶ旅を通じて、和歌界・連歌界・俳諧《はいかい》界の状況を記した「宗長手記」には、この大地震ののち、大永二年に伊勢国安濃津《あのつ》（三重県津市）を訪れたときの様子が記されている。

安濃津は十余年来荒野となっており、四、五千軒の家、堂塔の跡が残るのみである

とみえ、この大地震から二四年たっても港湾都市として繁栄していた安濃津が荒廃したままであったことがわかる。その後、安濃津の復興が知られるのは大地震から五〇年もたった頃であり、それも安濃津住民が移転して復興を果たすのである。

文政《ぶんせい》元年（一八一八）に完成した地誌である『駿河記』には、

大地震が襲い、大津波が起こり、溺死する者はおよそ二万六〇〇〇人余り。林叟寺《りんそうじ》の旧地は水没してたちまち巨海となったという伝承を記載する。数値がどの程度信用できるかは不明だが、小川湊にあった林叟寺が移転したことは事実のようである。

このように、明応の大地震は津波で東海地方に大きな被害をもたらしたが、被災地は荒廃して容易に復興が叶わず、その地を捨てて移転するほかなかったのである。それは戦国の世という時代背景もさることながら、津波被害の大きさをうかがわせる。被災民は移転先で一から生活を立て直すほかなく、生き残った人々が共同体を形成してお互いに助け合いながら自力復興していったものではなかろうか。それには半世紀ほどもの長い時間が必要であったのである。

なお、最近の神奈川県の津波被害想定で、明応地震津波をも考慮するようになり、明応型の津波であれば、津波の高さは一二メートル《メートル》、浸水域は広くなり海岸から約二キロ《キロ》にわたり、鎌倉大仏や鶴岡八幡宮《つるがおかはちまんぐう》まで津波が到達する可能性があるとされる。

天正大地震

室町時代後期には、天正《てんしょう》一三年（一五八五）一一月に天正大地震が起こった。マグニチュードは約七・八とされる。畿内、東海、東山、北陸の広範囲に被害がおよんだ。この時期は、三年前に織田信長が本能寺で討たれた後、羽柴秀吉《はしばひでよし》が山崎《やまざき》の合戦、賤ヶ岳《しずがたけ》の戦い、小牧《こまき》・長久手《ながくて》の戦いを経て四国制圧が終わり、関白となって、翌年に九州統一に乗り出す準備をしていた時期である。

大垣城《おおがきじょう》は全潰《ぜんかい》、そのうえ出火により城中すべて焼失した。長浜城《ながはまじょう》は当時、二万石の山内一豊《やまうちかずとよ》が城主であったが、大半が潰れ、一豊の長女で六歳の与禰《よね》も乳母とともに圧死した。ポルトガル出身でイエズス会の宣教師ルイス・フロイスの『イエズス会日本年報』によれば、

近江国（滋賀）の長浜と称する城の所に一〇〇〇戸の町があったが、地震のため地面が開き、家の半分は人とともにそのなかに落ち、残りの半分は同時に火を発し、焼失して灰に帰した

と長浜の被害を記している。阿波でも地割れが生じ、伊勢長島では泥土化し、「涌没《わくぼつ》」した土地が少なくなかったという。翌年にまで余震が続いた。

また、飛騨川谷（岐阜）の保木脇《ほぎわき》では大規模な山崩れが起こり、有力武将内ヶ島《うちがしま》氏の居城帰雲城《かえりぐもじょう》は、城主氏理《うじさと》以下五〇〇人もろとも一瞬にして埋没し、民家三〇〇戸余りが埋没して多数の死者が出たといわれる。『飛驒鑑《ひだかがみ》』という史料には、

内ヶ島の前に大川がある。その向こうに高山があり、さらにその後ろに帰雲という高山があった。その帰雲山の峰が二つに割れて、前の高山、大川を超えて内ヶ島を埋め

図2　帰雲山崩壊跡

　てしまった。誰一人として残らず、
　内ヶ島家は断絶した

とある。

　越中（富山）でも山崩れが起こり、庄川《しょうがわ》が約二〇日間にわたってせきとめられた。また高岡に近い木舟城《きふねじょう》の崩壊では、城主前田秀継《まえだひでつぐ》夫妻も死亡したという。加賀藩の足軽が一八世紀にまとめた『三壺聞書《みつつぼききがき》』によれば、

　大地も割れるばかりに百千の雷の響きがして、木舟城を三丈（九メートル）ばかり揺り沈めた。倒れた家はおびただしく、辛《かろ》うじて難を逃れた秀継子息又次郎（前田利秀《としひで》）は今石動《いまいするぎ》（小矢部市）の山上に引き移って居城とした

という。このときの液状化跡が富山の遺跡から出土している。『理科年表』は震央を白川断層上とするが、伊勢湾とする説もある。また、二つの地震が続発したと考える説もあり、明確にはなっていない。

いずれにせよ、広い範囲にわたって大きな被害をもたらしたこの地震では、帰雲城や木舟城は復興することなく、木舟城は他所へ移転したし、断絶した内ヶ島氏の居城が再建されることはなかった。今でも帰雲山の崩落跡をみることが出来る。内ヶ島氏の領内は金山に恵まれ、一六世紀後半には金採掘で賑わったといわれるが、埋蔵金伝説とともに埋もれたままである。

慶長伏見大地震

いま一つは慶長《けいちょう》元年（一五九六）に畿内を襲った慶長伏見大地震がある。マグニチュードは七・五とされ、京都三条から伏見の間での被害が最も大きかった。この地震の痕跡は多くの遺跡から出ており、京都盆地南西部から大阪平野北縁を通り、淡路島に至る約八〇キロの範囲にある多くの活断層が一斉に活動したものであることがわかっている。

慶長元年は豊臣秀吉の朝鮮侵略、文禄《ぶんろく》の役《えき》（一五九二年）の終結にむけて、この年（文禄五年）六月に冊封《さくほう》副使沈惟敬《しんいけい》を伏見城に謁見《えっけん》したが、閏七月に巨大地震が襲った。冊封使にも死者を出したといい、冊封使との謁見は大坂城で行われた。しかし、明皇帝の勅書には「汝《なんじ》を封じて日本国王となす」とあるのみで、秀吉が提示した和議条件はまったく無視されたことから慶長の役を引き起こすのである。

醍醐寺座主義演《ざすぎえん》の日記『義演准后《じゅんごう》日記』には、

伏見城は門や殿舎が大破し、あるいは顚倒した。大天守がことごとく崩落し、男女御番衆が数多く死んだ。そのほか諸大名の屋形《やかた》も倒壊し、残っても形ばかりであった

と記した。また、徳川家康の家臣であった松平家忠《まつだいらいえただ》の日記に孫の忠冬《ただふゆ》が加筆した『増補家忠日記』には、

伏見城の殿中殿舎《でんちゅうでんしゃ》が倒壊した。これによって上臈《じょうろう》女房七三人、中居《なかい》下女五〇〇人余りが死んだ。太閤《たいこう》秀吉はこの殿中にいたが、難を逃れて無事であった

とみえる。また、権中納言民部卿《ごんちゅうなごんみんぶきょう》であった広橋経光《ひろはしつねみつ》の日記『民経記《みんけいき》』にも伏見城の崩落や大名屋敷の倒壊が記されており、「その他毎々の衆の家が崩れ、死人が一〇〇〇人を超えた」とみえる。

この正月以来蟄居《ちっきょ》の身となっていた加藤清正《かとうきよまさ》は、大地震と知るやいなや、足軽三〇〇人に挺子《はしご》を持たせて城中にかけつけ、これに感じた秀吉の勘気《かんき》が解かれたという。この話は江戸時代を通じて語り継がれ、明治時代初期に歌舞伎の「地震加藤」として演じられて有名である。

被害は伏見城にとどまらない。京都では三条以南の被害が大きかったし、堺《さかい》でも死者が六〇〇人を数えた。奈良では興福寺《こうふくじ》や唐招提寺《とうしょうだいじ》の堂塔に大きな被害が出ており、大坂、神戸でも被害が多く、余震は一年近くにおよんだ。近畿地方を襲ったこの大地震は天正の大地震をうわまわり、先の『義演准后日記』は京都の様子を「京都の在家は倒壊し、死人は数え切れないほどであった。鳥部野《とりべの》（葬送地）の煙が断えなかった」と伝え、翌日にも「地震は未だに続いている。みな安心できず、家を離れて道路に伏している」とあり、「まともなところは一ヵ所もなく、大地が裂けて落ち込んでいた」などとみえる。

伏見城は地震前には指月山《しづきやま》に築かれたが、倒壊後はその北東の約一キロの木幡山《こばたやま》に再建され慶長二年に完成している。権力者豊臣秀吉の城であるから即座に再建されたものだが、諸大名の屋敷などもこれに準じたであろう。しかし、その後の朝鮮出兵などもあり、豊臣政権が優先したのは城郭や大名屋敷であって、寺社などの復興は後回しにされた。秀吉死後に豊臣秀頼が多くの寺社の修復等に私財を投入したなかには、このときの大地震で被害にあった寺社も少なくなかったのであろう。

庶民の場合は、そう簡単に復興できたとは思われない。戦国時代とは違い世相はいくぶん安定していたとはいえ、庶民の家屋の再建等は京都にあっては町衆、堺にあっては会合《えごう》衆《しゅう》など富裕層を中心に自治組織によって行われたのであろうか。大坂では秀吉の命によって城下町の大改造が行われている。新たに三の丸を造成して町屋をその外に移転させ、新たに整備された地域に整然とした町屋を造って人々を移住させた。これがいまの北船場《きたせんば》になる。

中世の大火

安元の大火

あれは安元《あんげん》三年（一一七七）の四月二八日だったろうか。風が強くて、騒々しい夜であった。戌《いぬ》の時（午後八時）ごろ、平安京の東南から火事になって、西北へ焼けていった。ついには、朱雀門《すざくもん》、大極殿《だいごくでん》、大学寮、民部省などが延焼し、一晩で灰になってしまった。火元は樋口富小路《ひぐちとみのこうじ》だとか聞いた。舞人を泊めた仮屋から失火したという。

向きの変わる風で燃え移るうちに、扇をひろげたように広がった。遠くの家は煙にむせ、近くは吹きつける風で炎が地を這《は》った。（中略）風に吹きちぎられた炎が、一町（約一〇九メートル）も二町も飛んでは燃え移る。そんななかの人が、平常心でいられようか。ある者は煙にむせて倒れ、ある者は炎に目がくらんで死んでしまう。あるいはかろうじて生き延びても、家財道具を持ち出す余裕はない。金銀珠玉の宝物も、すべて灰となってしまった。その被害はどれほどであろうか。この火災に公卿の家だけでも一六軒も焼けた。まして、そのほかの小さな家は数えきれはしない。全体で、平安京の三分の一に達する家屋が焼失したという。男女数十人が焼死し、馬や牛などにいたっては、どれほど死んだかもわからない

以上は、鴨長明の随筆『方丈記』に記された安元の大火の状況である。鴨長明二五歳のときのことである。時代は太政大臣に至った平《たいらの》清盛《きよもり》が娘徳子《とくこ》を高倉《たかくら》天皇の中宮《ちゅうぐう》とし、その権勢絶頂期にあって、「平家にあらずんば人にあらず」といわれたころであるが、この大火の二ヵ月後には院《いんの》近臣《きんしん》による平氏打倒計画が発覚する（鹿ヶ谷《ししがたに》の謀議）。時代は末法《まっぽう》の世、争乱の時代に突入していくのである。

同時代の公卿で摂政・関白ともなった九条《くじょう》兼実《かねざね》の日記『玉葉《ぎょくよう》』と比較してもかなり正確に描写していることがわかる。なお、このときの大極殿焼失をもって治承《じしょう》と改元されている。

この大火後一年を経ずして七条を中心に大火が発生し、これを「次郎焼亡」とよぶことから、安元の大火は「太郎焼亡」とよばれて後世に伝えられた。太郎焼亡は内裏から五条にかけての左京《さきょう》域を中心に焼亡し、ことに大極殿、八省院《はっしょういん》以下、朝廷の主要な建物がほ

とんど灰燼《かいじん》に帰した。これ以前にも内裏焼亡は再三あったものの、そのつど再建されていたが、すでに政治的にも経済的にもその余裕はなく、内裏は再建されることなく荒廃するのである。

多数の焼死者

平安京建設当時とは大きく異なる都市構造に発展していた京は、三条・四条・七条などが商業の中心をなして民家が密集していたのであり、おびただしい数の民家が焼失したものと思われる。これに次ぐ次郎焼亡とあわせて、被災した民衆は容易に家屋を再建することが出来なかったのではなかろうか。これほどの大火ともなれば、再建のための必要な木材等は膨大になり、高騰《こうとう》したであろうことも容易に想像がつく。公卿たちの邸宅が優先され、庶民は他所へ移ることを余儀なくされたのではなかろうか。それでも、商行為は継続する。太平洋戦争後の焼け野原にバラックが立ち、しだいに闇市《やみいち》が形成されていったように、焼け野原となった四条・五条・七条といった地域には、再び人々が集まって商行為が再開されたものと想像される。

鎌倉時代になっても京の火災は後を絶たず、建保《けんぽう》六年（一二一八）には三条油小路《あぶらのこうじ》から出火して百七十余町を焼失し、元亨《げんこう》三年（一三二三）には四条坊門烏丸《しじょうぼうもんからすま》から出火して五〇町を焼き、多数の焼死者を出したという。また、鎌倉においても火災は頻発した。『吾妻鏡《あずまかがみ》』には随所に焼亡記事がみえ、鎌倉大火とされるものには、延慶《えんぎょう》三年（一三一一〇）、正和《しょうわ》四年（一三一五）、室町時代の永享《えいきょう》八年（一四三六）などがある。ほかにも建長《けんちょう》元年（一二四九）の京都大火では公卿の家十余ヵ所が焼亡したというから、安元の大火に匹敵する。また、天文《てんぶん》一三年（一五八五）の伊勢山田大火では六千余家が焼失したとされる。

そのほか、五代執権北条時頼《ときより》とその外戚《がいせき》安達《あだち》景盛《かげもり》らによって三浦泰村《みうらやすむら》一族が滅ぼされた宝治《ほうじ》合戦（宝治元年・一二四七）のおりの兵火、永仁元年の九代執権北条貞時による内管領平頼綱を討滅した平禅門の乱の兵火などでも家々が焼失し、新田義貞《にったよしさだ》が攻めて鎌倉を滅ぼしたおりには、ほとんどが灰燼に帰した。室町時代にも再三の兵火に見舞われており、鎌倉の火災は兵火によるものも少なくない。

兵火といえば、戦国時代の幕開けといってもよい応仁《おうにん》の乱は京都を焼き尽くした。町屋、寺社の焼亡はいうにおよばず、公家の邸宅も焼亡し、自領に赴き、縁を頼って地方に流亡する者も多かった。『応仁記』に載せる「汝《なれ》や知る　都は野辺《のべ》の夕雲雀《ひばり》　上がるを見ても落つる涙は」という一首がその様を端的に示していよう。

こうした大火からの復興は朝廷や幕府といった公権力が中心となったであろう。しかし、焼け出された被災者の生活は、自らが立て直すしかなかったであろうことは前代とかわりなかったものと思われる。

大飢饉の実態

ついで、大飢饉についてみよう。これも『方丈記』が詳細に記載している。

養和の大飢饉

また、養和《ようわ》年間（一一八一）のことだったか、もう年の記憶もはっきりしないが、二年間というもの、飢饉で、ひどいことがあった。春夏は日照りで、秋には台風や洪水など、良くないことが続いて、五穀は稔りがなかった。夏に田植《たうえ》の行事だけがあって、秋冬の収穫のにぎわいはない。そのため、諸国の農民のなかには、土地を捨てて国ざかいを出る者や、家を捨てて山に入ってしまう者があった。

飢民が土地を捨てて流浪する様が描かれており、これに続いて、京が地方からの上納物に頼っているのに、何も入ってこないため、都人は家財を捨てるように売ったこと、乞食が道ばたに多くなったことが記される。ついで、二年目には疫病まで加わって悲惨な状況が展開する。

身分の高い者も、ひもじさに絶えかねて一軒一軒食《じき》を乞《こ》うてまわるようになった。このように落ちぶれた者たちが、歩いていたかと思うと、倒れて死ぬ。築地《ついじ》沿いに、道ばたに、そういう餓死者が無数にあった。死骸の取りかたづけようもないから、死臭が充満して、腐爛《ふらん》してゆく様子は、目もあてられないことが多かった。ましで河原などは、死体で馬や車も通れないほどの有様であった。（中略）仁和寺《にんなじ》の隆暁法印《りゅうぎょうほういん》という人が、こうして無数の餓死者が出ることを悲しみ、死者に出会うたび、その額に「阿」の字を書いて、成仏のための仏縁を結んでやろうとした。その人数を知ろうとして、四月から五月にかけて数えたところ、京の一条から九条まで、東京極《ひがしきょうごく》から朱雀大路まで、つまり平安京の東半分の路上にあった死体の数は、計四万二千三百余りであった。いうまでもなく、この二ヵ月の前や後に死んだ者も多いし、賀茂川の河原、その東の白河、あるいは朱雀から西の京、その他、方々の郊外まで加えると、きりがないにちがいない。まして、畿外の諸国まで加えたら、どういうことになろうかと、生々しく悲惨な様子を伝えている。これも数値は鵜呑みには出来ないが、京中で多くの犠牲者が出たことは確かであろう。『百練抄』の養和元年六月の記事には、

最近の天下の飢饉は、その餓死者がどれほどか計り知れない。僧綱《そうごう》や官職を有する者（身分が高い者）ですら飢えていると聞く

とあり、翌年正月の記事には、

最近、赤ん坊を道路に棄て、死骸が町中に充満している。夜ごとに強盗があり、あちこちで放火され、諸院蔵人《くろうど》という身分の者まで多く餓死し、それ以下の下賤《げせん》の者については数え切れない。この飢饉は前代のそれを超えている

とみえ、『方丈記』の叙述を裏付けるように、悲惨な状況を記録している。

このときの飢饉は、西日本を中心にした激しい旱魃《かんばつ》によるもので、飢饉後に疫病が蔓延《まんえん》するのは前代にみたところである。治承四年（一一八〇）は源頼朝が平氏打倒の兵を挙げ、いわゆる源平争乱に突入した年であるが、豊作が期待された関東に対して、西日本を基盤とする平氏はこの飢饉を背景にした戦いを強いられた。富士川《ふじがわ》の合戦で逃げ帰ったとされるのも、平氏が弱かったからというよりは、充分な兵粮が得られなかったための撤退という側面もあったのではなかろうか。

寛喜の大飢饉

養和の大飢饉に匹敵する悲惨な飢饉では、寛喜《かんぎ》の大飢饉があった。寛喜二年（一二三〇）春ころよりその兆《きざ》しがみえ、同三年には餓死者があふれる状況となった。

元仁元年（一二二四）、北条義時《よしとき》、ついで翌年に北条政子が没し、父義時の死後に三代執権となった泰時《やすとき》は、藤原頼経《ふじわらのよりつね》を将軍として、大いに幕政改革を行い、貞永《じょうえい》元年（一二三二）には、武家最初の法典である『御成敗式目《ごせいばいしきもく》』を制定するのだが、その矢先の大飢饉であった。冷夏によるもので、『吾妻鏡』同年四月の記事によれば、

　今年は世のなか飢饉で、百姓の多くが餓死しそうである。そこで、武蔵（東京・埼玉）、伊豆、駿河国（静岡）の出挙米《すいこまい》を施してその飢えを救うように

と、とりあえずの対応を指示している。また、七月には

　今月は天下大飢饉で、二月以来、京都では疫病も流行し、貴賤上下を問わず多く死亡したという

とみえる。京都には諸国からの流亡民も流入し、餓死者が増えていった。また、『民経記』によれば、七月一日には方違《かたたが》えのため天皇が行幸《みゆき》したが、その行列が大宮大路にさしかかってみると、死骸が道路に充満しており、いいようもないありさまであったという。『新古今和歌集《しんこきんわかしゅう》』などを撰進《せんしん》したことで知られる藤原定家《さだいえ》の日記『明月記《めいげつき》』には、

　草蘆西の小路は死骸が日を追って増えているようである。屍臭が家のなかにまで入ってくる

と記しているし、『立川寺年代記《りゅうせんじねんだいき》』という史料によれば、「天下の人の三分の一を失っ

た」とまで記している。

鎌倉も例外ではなかった。『北条九代記』によれば、

去年今年と大雨、大風、大地震、洪水、旱魃、火災、疫病とあらゆる災難があり、大法秘法の祈禱を行ったが効果はなかった。今年はなお飢饉の災難が起こり、米価は騰《とう》貴《き》し、燃料も高騰して、人民が困窮《こんきゅう》すること計り知れなかった。（中略）行き倒れて餓死する者は道路に充満し、三代執権北条泰時は、貧民を救済するため米九〇〇〇斛《こく》余りを貸し出した

という状況であった。まさに養和の大飢饉以来の大飢饉であったのである。

なお、この飢饉では妻子や所従《しょじゅう》を売って助かろうとする百姓が多くあり、また自ら身を売って奴隷化することで生きながらえる者も多く、鎌倉幕府はこれを時限的に認めざるをえなかったほどである。ここに人身売買が緊急避難的な意味合いをもったとの指摘がある。

応永・寛正の大飢饉

室町時代にも大飢饉は発生している。

応永《おうえい》の大飢饉が起こった応永年間後半の時期は、四代将軍足利義持《よしもち》の治世で、応永一五年（一四〇八）父義満《よしみつ》没後に反抗の萌芽が現れてきた時期である。同二四年には関東の上杉禅秀《うえすぎぜんしゅう》の乱を鎮圧したが、翌年にはこの乱に応じて謀叛を

企てた弟義嗣《よしつぐ》を殺している。また、同二六年には関東で洪水・大火・大風・旱魃と災害が続き、飢饉となっている。

後花園《ごはなぞの》天皇の実父にあたる伏見宮貞成《さだふさ》親王の日記『看聞日記《かんもんにっき》』の応永二八年二月の記事には、

去年の炎旱《えんかん》による飢饉のため、諸国の貧民が上洛して乞食が充満し、餓死者は数知れず路頭に転がっているという。そこで、室町殿（四代将軍足利義持）の命令で諸大名が五条河原に仮屋を建てて、食物の施しを行っている。しかし、せっかく施しを受けても、急に口にしたショックで死亡する者も多くいたという。さらに、この春には疫病も流行して、おおぜいが死亡したという

とみえている。飢民が大勢乞食化して京都に流入してきたところに、これ以前の飢饉とは異なる様が認められると指摘されている。寛正《かんしょう》の大飢饉のときにも、

諸国の難民が乞食になり、京都に集まっている。前年の一〇月頃から京都は難民であふれかえり、その数は幾千万とも知れなかった

という有様であった。こうした飢民流入は京都の流通経済を破壊し、京都に生活する人たちまでも飢饉に陥《おとしい》れる結果となり、状況をより悲惨なものにしていった。

長禄《ちょうろく》三年（一四五九）春から夏にかけて空梅雨《つゆ》で、旱害《かんがい》は激しかったのだが、翌寛正元

年に入ると一転して春から六月末まで雨が降り続き、冷害に見舞われることになった。興福寺大乗院《だいじょういん》で室町時代に門跡《もんぜき》を務めた、尋尊《じんそん》・政覚《せいかく》・経尋《けいじん》が三代に渡って記した日記『大乗院寺社雑事記《だいじょういんじしゃぞうじき》』によれば、

　去冬より三月ころまでの京中の餓死者は、毎日五〇〇人、あるいは三〇〇人、あるいは六・七百人で、総数は数え切れないほどであるという。これらの死者はみな四条五条の橋の下に埋めた。一穴に一〇〇〇人、二〇〇〇人という。このほか、各地において埋めきれない死人は数知れないという

と多くの餓死者を出したことが記載されている。また、『長禄寛正記《ちょうろくかんしょうき》』という史料には、

　同年（寛正二年）春ころより、天下大飢饉で、また疫病も流行し、世の中の三分の二は餓死した。死骸が道路に満ち、道ゆく人は哀れと思わない者はなかった

とある。世の中の三分の二は誇張があるにしても、おおぜいが餓死したことは疑いない。ほかにも『立川寺年代記』には、応永二七年に大旱魃となり、畿内西国がことに稔らず、人民が多く餓死したとし、翌二八年には、

　大飢饉、大疫病で多くの人が死んだ。京中では死体を踏んで行く。車でもって死体を運ぶが、山のように積んでいく。その数は幾千万とも知れない

とみえ、室町時代の東福寺《とうふくじ》僧正であった雲泉太極《うんぜんたいきょく》の日記『碧山日録《へきざんにちろく》』によれば、

四条坊橋より上流をみると、流れる屍が無数にあり、まるで石塊や落石のようで、流れを塞《ふさ》いで、その腐臭はどうしようもない。京都の北に一人の僧侶があり、小片木で八万四〇〇〇の卒塔婆《そとば》をつくって、死骸一つ一つに置いたところ、二千余ったというと、そのすさまじさを伝えている。

長禄・寛正年間は八代将軍足利義政《よしまさ》の時代で、すでに下剋上《げこくじょう》の風潮が広まりつつあった。応永、寛正の大飢饉は異常気象によることはもちろんだが、政治を顧《かえり》みない義政の失政が、飢饉をより悲惨なものにした一面もある。一方、将軍の命により飢疫の民に施行《せぎょう》（施し）が行われ、ついで施餓鬼《せがき》（追善供養、施し）が行われるのだが、それを担ったのは勧進僧《かんじんそう》集団で、財源調達も勧進であったことが指摘されており、彼らが施行とともに死体処理も行ったという。

大飢饉、疫病からの復興は、天候回復や疫病の沈静化によって、しだいに生活を取り戻していくと考えられるが、そこにも前述の勧進僧集団が関わった可能性はあろう。

風水害・疫病

風水害の被害

さて、中世の激甚災害は地震や大火、飢饉にとどまらない。大風や洪水も頻々と大きな被害をもたらした。洪水では安貞《あんてい》二年（一二二八）に京都で大きな被害を出している。『百練抄』には、七月二〇日、大風雨水により賀茂川が氾濫し、賀茂社瑞籬《みずがき》や貴船社《きぶねしゃ》の拝殿《はいでん》が破壊され、人民は漂没した。永承《えいしょう》（一〇世紀半ば）以来の第一の洪水であると記載している。また、醍醐寺理性院《りしょういん》の僧厳助《げんじょ》の執筆になる『厳助記』という史料によれば、天文四年（一五三五）に美濃（岐阜）で大水があり、二万余りの人が死亡し、数万戸が流亡したという。同一三年には畿内を洪水が襲い、摂津、河内《かわち》（大阪）の被害がことに甚だしかったが、これも『厳助記』によれば、七月九日大洪水で京中の人馬が数多く流失した。在家の町々の釘抜き門の戸はことごとく流失した。四条、五条の橋、祇園社の大鳥居が流失し、皇居の西方の築地塀も流損した。四足《よつあし》等の御門は、幕府の武家奉公衆が馳せ参じたので無事だったという。そのほか比叡山の僧坊数宇が流失し、僧や俗人の児童や若衆が数十人流死して、その屍は淀《よど》・鳥羽にまで漂い至った。児童や若衆の死人が多かった。これは前代未聞の珍事である

と記している。平安時代以来、いくたびとなく氾濫《はんらん》を起こした賀茂川は中世においても猛威をふるったのである。

ところで、『続応仁後記《ぞくおうにんこうき》』という史料には、弘治《こうじ》三年（一五五七）八月のこととして、国々に数多く洪水が起こった。なかでも摂州（大坂）尼ヶ崎、別所《べっしょ》、鳴尾《なるお》、今津《いまづ》、西宮《にしのみや》、兵庫、前泊《まえどまり》、須磨《すま》、明石《あかし》ノ浦々に高潮が押し寄せ、浦々の民家はことごとく引き流され、死亡する者幾千万というほど数え切れないほどであった。去る文明《ぶんめい》七年（一四七五）八月六日の洪水にもこうした被害があったと古老の者たちがいい合ったとみえる。大雨台風であったろうか。弘治三年は、毛利元就《もうりもとなり》が大内氏を滅ぼした年で、織《お》田信長《だのぶなが》は未だ尾張国内統一過程にあったころであるが、風水害は、戦国の世にもいくどとなく大きな被害をもたらしている。

大風での大きな災害には、以仁王《もちひとおう》が平清盛追討の令旨《りょうじ》を下した治承四年（一一八〇）に京都を襲った旋風が『方丈記』に記載されている。

四月（初夏）のころだったと思うが、中御門京極《なかみかどきょうごく》のあたりから大きな旋風が起こって、六条のあたりまで吹いたことがあった。三、四町を吹きまくるうちに、それに巻き込まれた家々は、大きなのも小さなのも、一つとして破壊されなかったものはない。そのまま平らに倒れたのもあり、桁《けた》や柱だけ残ったのもあり、門を四、五町も吹き飛ばしたり、垣根が吹き払われて隣と境界がなくなったりした。まして家のなかの資財はみんな吹き上げられてしまった。檜皮《ひわだ》や葺板《ふきいた》などは、冬の枯葉が風に舞い乱れるようだった。（中略）家が破壊されただけでなく、こわされた家を修理しようとして、怪我をして体が不自由になった人も無数にいた

という有様であった。こうした風のみの被害もあるが、雨風（いわゆる雨台風）が大きな被害をおよぼした場合もある。

建仁《けんにん》元年（一二〇一）に鎌倉を襲った大風が『吾妻鏡』にみえる。

（八月）一一日、鎌倉で大風雨があった。鶴岡八幡宮および諸堂塔、民家が多く倒壊した。下総国（東京）葛飾郡《かつしかぐん》に高潮が押し寄せて千余人が漂没した

とある。二代将軍源頼家《よりいえ》のもと、梶原景時《かじわらかげとき》が討滅された翌年であった。また、鎌倉時代が

終わった建武《けんむ》二年（一三三五）にも鎌倉を大風が襲い、大仏殿が破壊され、圧死者五〇〇人余りを出したという。甲州（山梨）では、武田信虎《たけだのぶとら》時代の天文九年（一五四〇）に、八月一一日の暮れころ、甲州で大風が三時間ほど吹き荒れた。高波が起こって波打ち際のものは皆引き込まれ、山の家は大木に打ち倒され、寺社はことごとく吹き倒された。鳥獣はみな死に、大木は根こそぎ倒れたほか、一切合切が無くなってしまったと、富士五湖の一つ、河口湖近くの妙法寺《みようほうじ》という寺院の記録『妙法寺記』という史料にみえる。海のない山梨の記事に続いて高波を記しているが、これは河口湖の波浪であろうか。かなり誇張が含まれているが、大きな被害を出したものとみられる。

疫病

疫病はそれのみで発生する場合もあるが、風水害、旱魃、飢饉などの二次災害として発生する場合が多い。先にみた養和や寛喜の大飢饉も疫病の蔓延が被害を大きくしている。中世においても疫病は頻繁に流行しており、改元の理由に疾《しつ》疫《えき》をあげることも多い。被害の詳細がわかる事例があまり多くないのだが、『五代帝王物語』によれば、鎌倉幕府執権は六代北条長時《ながとき》であったが、前代時頼がいまだ実権を握っていた正嘉《しようか》三年（一二五九）の春ころから疫病が蔓延しだし、

下臈《げろう》どもで罹患《りかん》しない家はない。川原などは道もないほどに死骸が満ちており、なげかわしいことである。崇神《すじん》天皇の御代の昔の例（全国の人民の半分が死んだという伝

説）にも劣らないであろう。飢饉も大変なことで、全国の民も多く死亡したので、三月二六日に改元があって正元《しょうげん》となった。正月上旬のころ、死人を喰《く》らう小尼があった。いろんなところで喰らうといい、（筆者が）内野《うちの》（旧内裏の野）から朱雀大路を南下していく途中、一四、五歳ほどの小尼が、死人の上に乗ってむしり喰らっているのを目撃し、目もあてられない有様であった

と、疫病・飢饉の悲惨な光景を記している。そのほか、正平一五年（一三六〇）にも道を埋めるほどの死者を出した疫病の流行があり、同二〇年にも京都に飢饉・疫病が襲い町に死者が充満したという。永享《えいきょう》一〇年（一四三八）にも飢饉・疫病で京都の死者は山のように積み上がったなど、疫病は飢饉とともに多大の被害をもたらした。

中世の災害からの復興

中世にあっても、地震、風水害、飢饉、疫病などは大きな犠牲を出した。そうした災害からの復興にまで筆がおよんだ例は少ないが、前代よりもいくぶんかは明らかになるところがある。

たとえば、大地震や大津波のあとの被災地放棄と新地への移住である。天正大地震あとの帰雲城はまったく埋没して放棄されたが、一方、越中木舟城は移転することで復興した。慶長伏見大地震における伏見城再建もその例であろう。また、豊臣秀吉が大坂城三の丸建造にともなって町屋を強制的に移転し、整備させたのも大地震後の移転復興の一つであろ

う。明応大地震の大津波での大湊や安濃津の移転復興もある。

このように激甚《げきじん》な被災地が広範囲におよぶ場合、移転して復興することがあった。前三者は権力者による復興であるから、そうした場合にはわりと容易に移転復興も可能であったが、後者のように被災民たち自らが移転した場合、そう簡単には復興しえなかった。多くの場合、新しい地域での共同体の協力等はあったにせよ、移転した被災者たちの必死の努力で復興をなさねばならなかったものと思われる。それは一〇年、二〇年、あるいは半世紀にもわたる長い時間を要したものであろう。

京都や大坂、堺あるいは鎌倉といった大きな都市では、公権力（幕府や朝廷、豊臣政権）などが中心になって公的建造物、あるいは象徴的建造物が優先して復興されたが、被災者の復興は室町時代にあっては、町衆や会合衆といった富裕層を中心とした自治組織が何らかの役割を果たしたのではなかろうか。個々の被災者が住居や生活を復興するというのは容易なことではなかったはずである。

また、飢饉・疫病の被災に際して勧進僧集団が、施餓鬼を行ったり、死体の処理に携わったりしたが、そうした活動は大火や風水害でも想定しうるところであり、復興に際しても、そうした集団が一定の役割を果たした可能性はあろう。その点で、被災した民衆の復興には宗教的結びつき、あるいは宗教集団が大きく関わっていた可能性があろう。

とはいえ、未だ、将来的防災を意識した町づくりという復興が行われた形跡はない。それには、あまりにも頻繁に災害が襲い、戦火にさらされていたという環境にあったのである。

近世の復興を支えた人々

近世を襲った大地震

元禄地震

江戸時代ともなると、残存史料も豊富になり、全国的に被災状況が詳細になる。そうしたなかで、江戸時代二六〇年間に起こった巨大地震を『理科年表』でみると、マグニチュード七以上と推定されている地震は四九回みられる。南は沖縄から北は北海道までの広い範囲で巨大地震が襲っている。

赤穂《あこう》浪士が吉良《きら》邸に討ち入った翌年の元禄《げんろく》一六年（一七〇三）、将軍は五代徳川綱吉《つなよし》の時代、江戸・関東諸国を襲った元禄地震はマグニチュード七・九～八・二と推定されている。一九二三年の関東大震災に似た相模トラフ沿いの巨大地震とされるが、地殻変動はより大きく、最大隆起量は関東大震災の二米《メートル》に対して、元禄地震は四～五米《メートル》であるという。

江戸の町名主斎藤月岑《さいとうげつしん》が、徳川家康の関東入府以後の江戸における事件・風俗・社会事

情などの広範な記事を年表形式にして纏《まと》めた『武江年表《ぶこうねんぴょう》』によって被害の概略をみると、

（十一月二十二日）大地震が起こり、戸障子は倒れ、家は小船の大浪に揺られるように動いた。地面は二、三寸（六〜九センチ）、ところによっては五、六尺（一五〇〜一八〇センチ）ほど割れ、砂をもみ上げ、あるいは水を吹き出した所もあった。石垣は崩れ、家蔵は潰れ、穴蔵は揺り上げ、死人がおびただしくでて、泣き叫ぶ声がしだいに大きくなった。また、所々壊れた家から失火した。八時《やつどき》（午前二時）過ぎに津波があり、房総の人馬が多く死んだ。内川一杯に四度押し寄せた。このころから数度地震があった。相模国（神奈川）小田原はなかでも被害が大きく、死亡した者およそ二三〇〇人、小田原から品川までで一万五〇〇〇人、房州《ぼうしゅう》（千葉）は一〇万人、江戸で三万七〇〇〇人におよんだ

とある。激しい揺れに液状化が起こったこと、海岸沿いに津波が襲ったこと、小田原の被害が大きかったことなどを伝えている。

津波は房総半島から相模湾一帯を襲い、鎌倉では六〇〇人ほどが死亡した。鶴岡八幡宮の二の鳥居まで波が押し寄せたという。伊豆半島の伊東では二キロほども川を遡《さかのぼ》り、高さは一〇メートルにも達したと推定されている。房総半島では数え切れないほどの犠牲者を出し、いまでも津波供養碑をみることが出来る。

小田原の様子は、江戸時代前・中期に朝廷においてその中枢となり、江戸幕府との関係改善に尽力した近衛基熈《このえもとひろ》の日記『基熈公記』に、

相州小田原は大地震で城並びに城下侍屋敷、町屋等、過半揺り潰され、城内一二ヵ所から出火して、小田原中残らず焼失した。そのうえ津波が押し寄せておびただしい死人を出したという。箱根山は崩れ、往来も飛脚《ひきゃく》だけがようやく通れるほどで、荷物の通路はないとのことだ

と伝聞を記載している。まさに小田原は天守閣も焼失し、街道も寸断され、壊滅状態になったのである。また、

この地震・火事で江戸並びに近国の死人は、ただいま（二二日）までで知られる死骸は二六万三七〇〇人余りであるという風聞である

とも記している。二六万は大げさだが、房総半島南端にあった「野島《のじま》」が五《メートル》前後も隆起する地殻変動によって陸地と地続きになり野島岬を形成したほどの大地震であった。

六代将軍徳川家宣《いえのぶ》の侍講《じこう》で、後に「正徳《しょうとく》の治《ち》」とよばれるようになる政治改革を行った新井白石《あらいはくせき》の随筆『折《おり》たく柴《しば》の記《き》』には、「夜半過ぎるころに大地震が起こり、目覚めて刀を取って起き出ると、あちこちの戸障子はみな倒れていた」という描写から始まる白石の行動とともに、詳細な地震の被害状況がみられる。江戸では下町の被害が大きかった。

徳川将軍家を中心として政治上の出来事を略記した日記型式の書『甘露叢《かんろそう》』という史料には、百六、七十年来これほどの大地震はなかったと記し、以下、各地の被害状況を詳細にまとめているのだが、二一日の地震・津波の被害について、潰家二万一六二軒、死人五二三三人、死馬牛五〇七疋、とあり、これには小田原の被害状況は入っていない。

　これらの大きな被害に対して幕府は、破損修復の普請奉行《ふしんぶぎょう》を任じ、火消《ひけし》を増強しており、江戸城の修復は早急に行われたようである。また、大きな被害を出した小田原へは一万五〇〇〇両を大久保隠岐守《おおくぼおきのかみ》に貸し付けている。小田原藩がこの資金をどのように遣って復興したかは明らかではないが、城については御手伝大名《おてつだいだいみょう》が幕府から割当てられている。また、武家屋敷の再建が優先され、その後に町屋が再建されたであろうことは想像に難くないが、充分に復興出来ないうちに次の大地震（宝永《ほうえい》大地震）に見舞われるのである。

　その宝永大地震は宝永四年（一七〇七）一〇月に襲った。

宝永大地震

　この年は、五代将軍綱吉の晩年にあたり、赤穂義士討ち入りから三年目にあたる。この頃、勘定吟味役《かんじょうぎんみやく》荻原重秀《おぎわらしげひで》の献策によって、逼迫《ひっぱく》した幕府財政を潤すため改悪された元禄金銀が流通していた。

　さて、宝永大地震はマグニチュードは八・六と推定され、わが国最大級の地震の一つとされる。その被害は関東から畿内、四国、九州にまでおよび、太平洋沿岸を津波が襲って大きな被害を出した。被害は被災地全体で、倒壊家屋約六万戸、津波による流失家屋約二万戸、犠牲者は少なくとも二万人といわれる。

『基熙公記』には、

駿河（静岡）四日、五日の地震で駿府《すんぷ》城《じょう》内や関所門などが破損、町屋を津波が襲った。上方ほど強く、大坂で棟数六〇〇軒、竈《かまど》数一万六〇〇軒倒壊し、押しつぶされて死亡した者は三〇二〇人。津波が襲った。土佐国（高知）も大地震で、津波により田畑はことごとく海になった

と記す。さらに、土佐南学《とさなんがく》を再興した谷秦山《たにしんざん》門下の奥宮正明《おくみやまさあき》が、宝永地震の土佐を中心とした惨禍を記録した『谷陵記《やりょうき》』には、

いかなる丈夫達者であっても、一足も歩けず、山々が崩れる土煙が四方をおおい、まるで闇夜のようになってしばらく方角もわからず、老若男女みな正気を失って泣き叫ぶ有様であった。大地は割れて底から潮水が湧き出た。人家は倒壊し、崩れて無事な家は一軒もない。（中略）津波が押し寄せて、人家ことごとく流され、死人は筏《いかだ》を組むように流され、家畜等もみな死んだ。（中略）津波は昼夜襲ってきて、五日の晩まで一二度におよんだ

とみえる。また、須崎《すざき》（高知県須崎市）では津波で死んだ者が池の面に流れよって、

池中に、死人が筏を組んだようにあり、衣服等で知人を探すが、面影変わり果てて恐ろしい様になっていては探しようもない。街道に泣き叫ぶ者も多いが、どうしようもない。池のなかに浮き沈む死骸は、鳥がついばんで傷み、どのような地獄であろうか、目もあてられぬ有様であった

と、地震後の悲惨な様子まで記している。

また、谷秦山門下の沢《さわ》田《だ》弘《こう》列《れつ》が、宝永地震の土佐を中心とした惨禍を記録した『弘列筆記』には、

その揺れることは、天地も一つになるかと思われるほどであった。大地は二、三尺（六〇～九〇センチ）に割れ、水が湧き出だし、山は崩れ、人家が潰れることは、まるで将棋倒しをみるようであった。諸人は広場に走り出て、五人七人と手を取り合うのだが、うつぶせに倒れる者、三、四間（五～七メートル）のうちに転がり、あるいはあおのけになり、また、うつぶせになって、逃げ走ることも容易ではなかった。半時《はんとき》（一時間）ほど大きな揺れがあって、ようやくおさまった。この間に男女で気を失った者は数え切れない。（中略）大津波が打ち寄せること六、七度、その浪の高さは五、六丈（一五～一八メートル）もあっただろうか。（中略）押し寄せた津波のうち、初度二度めは強くはなく、三度目の浪は高さ七、八丈ほどもあり、この浪で磯崎御殿は残らず流失してしまった。

（中略）かの御殿をはじめ、所々の民家に至るまで、しばしのうちに揺れ倒し、押し流し、ばらばらになるように、数百の老若男女が波にもまれ、あるいは大海に押し流された

という、激烈な地震と津波の様子が描写されている。

この巨大地震は、南海トラフのほぼ全域で起こったもので、建物の損傷は東海地方が甚だしく、西日本各地に津波が襲ったものである。室戸《むろと》・串本《くしもと》・御前崎《おまえざき》で一～二メートルが隆起し、土佐東部で最大二メートルが沈下した。土佐を襲った津波も大きな被害をもたらしたが、紀伊半島・大坂湾でも被害が大きかった。『基熙公記』は、「五畿内、摂津のうちで大坂が大破した。民屋の五分の一が崩れた。また、河口の大船にあった者かれこれ二万五千ばかりが死亡したという」と伝聞を記している。

この巨大地震・津波によって、「おおよそ潮の及んだ所の田畑は、ことごとく永荒《えいこう》となってしまった」（『谷陵記』）とあるように、各地が「亡所《ぼうしょ》」となった。また、今在家《いまざいけ》町は「二つ石」というところより沖の方一五、六間（二七、二八メートル）に町並みがあったが、大津波で地崩れして海の方に寄ったため町並みにならず、現在の所に新しい町割りを仰せつけられて、みな移住したものである、とある。この災害からの復興は、幕府・藩の御救《おすくい》扶米《たすけまい》などで一時をしのぎ、こうした公権力のもとで新しい町並みが再建されていったものであ

ろう。一方、「亡所」となった田畑は長らく放棄されたものと思われる。

なお、『弘列筆記』には余震が続いた翌年までに、大道を修繕し、堤を新たに造成したことがみえているから、被害が落ち着くや、かなり早い段階から復興に取りかかったことが知られる。

安政東海地震

江戸時代における今ひとつの巨大地震には安政《あんせい》元年（一八五四）の東海地震、南海地震がある。はじめに東海地震が関東から近畿地方を襲い、津波は房総から土佐まで押し寄せたが、その約三二時間後に南海地震が発生。中部地方から九州地方に被害をおよぼし、太平洋岸に津波が襲った。マグニチュードはともに八・四と推定されている。

この年、ペリーの艦隊が再び浦賀沖にあらわれ、三月に日米和親《にちべいわしん》条約《じょうやく》が締結された。四月には京都で大火があり、上京《かみぎょう》一帯を焼亡、六月には越前福井城下で大火が起こり、数千戸を焼失した。また、九月にはプチャーチンの乗ったロシア艦ディアナ号が突然大坂湾にあらわれて、大坂の町は騒然となるなど、時代は激動の幕末に突入する。

そうしたおり、一一月四日、突如巨大地震が関東から紀伊半島に至る広い範囲を襲ったのである。

一一月四日の安政東海地震について、『聞集録《ぶんしゅうろく》』という史料には、当月一四日夜九ツ半時（午前一時）ころに揺れだし、一六日朝まで大小の地震が襲った。それで町家は倒壊し、怪我人は数え切れず、死人は二〇〇人ほどあった。土蔵や高塀は残らず倒れた

と奈良の状況を伝える。また、『大坂地震記』という史料が記載する伊勢（三重）四日市《よっかいち》の様子は、

一四日夜八ツ時の地震で、過半が潰れて、そのうえ出火し、圧死、焼死は数え切れず、旅人も多く死亡した。一六日に往来した飛脚の話によれば、潰れた家や焼けた家が道を塞いで、そのうえ臭気が甚だしく、往来出来なかったので間道《かんどう》を登った

という。伊賀（三重）上野城も大破したが、城下も大きな被害を受けた。

家中の女たちが二、三百人ほど、城内で埋もれて死んだ。町方は崩れた家から出火して黒門まで焼失した。圧死・焼死は千人余りだという。二〇日にまた大地震があって、残った家も過半は潰れ、死人もあった

と伝えている。伝聞なので、事実以上に誇張されている面も否定できないが、伊賀・伊勢をはじめ近畿地方に大きな被害があった。旧館林《たてばやし》藩士であった大屋祐義《おおやすけよし》の日記、『大屋祐義日記』には、伊賀上野でも越前福井でも、「どろの海」のようになったとあるから、相当に激しい液状化が起こったようである。もっとも被害が大きかったのは、現在の静岡県

下で、袋井《ふくろい》や掛川宿《かけがわしゅく》ではほとんどの家屋が倒壊し、多くの死傷者を出した。津波は房総半島から土佐までの太平洋岸を襲い、志摩《しま》半島では波高一〇《メー》《トル》にも達した。

なお、『安政年表』という史料によれば、大坂から廻航して伊豆下田《しもだ》に停泊して、条約交渉を行っていたロシア船ディアナ号も津波の被害を蒙って大破したが、水難の者を多く救助したという。下田では最大七《メー》《トル》におよぶ津波があったといわれる。結局、ディアナ号は修理のための曳航中《えいこうちゅう》に沈没しているのだが、幕府では伊豆韮山《にらやま》代官で、反射炉建設を行った江川太郎左衛門《えがわたろうざえもん》をして新造船を建設させ、乗組員を故国に帰している。

安政南海大地震

ついで翌五日午後四時ころ、安政南海大地震が襲った。『続地震雑纂《ぞくじしんざっさん》』という史料にみえる一一月一〇日に出された伊丹中村孫四郎の書状には、大坂の様子を、

五日夕方に津波が打ち寄せ、千石余りの大船がいっぺんに川を遡上《そじょう》し、安治川《あじかわ》、木《き》津川筋《づがわ》は大騒動になった。数々の橋が砕け落ち、道頓堀《どうとんぼり》はひどく、大船に川岸の家は押しつぶされた。今も大騒ぎで、一軒の内から五人、七人と葬式を出し、死人は幾千人とあるかわからない。老若男女で手足のない者や首のない者など、船の下の地中から掘り出し、実に目もあてられぬ状況である

と記している。また、『地震海嘯正説録《じしんかいしょうしょうせつろく》』という史料には、

大津波が押し寄せ、木津川口、安治川口、両所に繋留《けいりゆう》していた大船が内川へ飛び入り、道頓堀川の橋々を五、六ヵ所打ち落とし、大船の舳先《へさき》や帆柱などで、浜辺の家蔵をみな打ち砕き、小舟のうえに乗り上がって、地震で船に逃げた者はみなその下敷きになって死人がおびただしく出た。また、沖に漁猟に出た船はみな砕けて死人がおびただしく、四、五千人はあったというが、実際には千五、六百人といい、内川を遡上した大船を川から出す方法もないので、みんなで砕いて取り除いたとのことであるとみえる。河口に繋留していた大船が津波で押し上げられ、川岸の家や、地震を小船上に逃れた者などが潰され溺死したのである。高さ一丈（三メートル）の波が怒濤《どとう》のごとく押し寄せたといい、海に呑まれた者など、大坂の死者は一万に近い数であったのではないかとの推測もある。

津波が去った後に残された大船の残骸は、三・一一大震災後を髣髴《ほうふつ》とさせる。当時は機械も無く、砕いて取り除くほかなかったのである。この津波の翌年七月、木津川河口（大正橋東詰）に慰霊碑が建立され、「大地震両川口津浪記」が刻まれた。

このたびは土佐の被害も大きかった。土佐藩士細川盈進《ほそかわえいしん》が地震の見聞を筆記した『地震日記』によれば、

初め大地震が起こり、地面が裂け、山が崩れ、巌《いわお》が崩落し、津波が押し寄せて河水

図３　大地震両川口津浪記石碑（大阪市指定文化財）

は遡った。半ば減っても、残った水は混濁して泥のようであった。堤は崩壊し、道は地割れし、橋は落ち、家屋は潰れ、あるいは倒壊し、庇《ひさし》が落ち、壁が崩れて一室も破損しなかったものはない

という状況であった。また、同書が引く「谷脇茂実日記《たにわきしげざねにっき》」というものには、

朝五ツ（午前八時）六分の満潮となったが、引き波にはならずに早瀬となって押し寄せ、間もなく引くかと思えばまた押し寄せ、八ツ時（午後二時）までで三度引き寄せた（中略）七ツ時

（午後四時）過ぎになって、前例のない大地震が起こり、わけもわからず、家々は将棋倒しとなった。みな逃げ惑い、親子もちりぢりとなった。間もなく町々から出火し下町を焼いた。また、津波が押し寄せて下町は海となった

とみえる。宝永大地震のときほどの地殻変動ではないが、室戸半島南端ほど高くなるなど、隆起と沈降が確認されている。久礼《くれ》（高知県高岡郡）では波高一六メートルに達したという。

治安と救済

こうした巨大地震などには、人々の混乱に乗じて治安も悪化する。強盗窃《せっ》盗《とう》がたくさん起こり、そのため幕府は厳命を下して禁制《きんぜい》札をたて、警固したことが『地震日記』にみえるし、伊勢神宮の御師《おし》で、江戸に向かう途中に大地震に遭遇した道中日記である『安田賤勝筆記《やすだしずかつひつき》』には、駿河で四日夜に、一軒から男一人ずつ提灯《ちょうちん》持参で夜通し火盗用心にあたる御触れが出されたとみえる。

また、諸大名は幕府へ借入金を申し出、藩や代官等は庄屋、町方を通じて炊き出しなど救済にあたった。有徳な者は米銭等施物を出すなどして被災者を援助したりもした。一方、被災状況は各地で詳細にまとめられており、その把握が早急になされたことがわかる。

なお、この地震津波に際して、稲むら（稲束）に火をつけて村人を津波から救い、津波後、私財を投じて高さ五メートル、根幅二〇メートル、延長六〇〇メートルの大防波堤（広村堤防）を築き、そのために被災民を雇用して、津波の被害で荒廃した村からの離散を防ぐことに尽力した

浜口悟陵《はまぐちごりょう》（儀兵衛）の話は現在に至るまで語り伝えられており、悟陵顕彰と防災教育を目的に、「稲むらの火の館」（和歌山県有田市）が開設されている。

安政江戸地震

安政年間には、いま一つの大地震があった。安政二年（一八五五）一〇月に起こった安政江戸地震である。マグニチュードは七〜七・一とされる直下型地震であった。おもに江戸を中心に大きな被害が出たもので、地盤の軟弱な本所《ほんじょ》、深川《ふかがわ》、浅草《あさくさ》、下谷《したや》などの下町がとくに甚だしかった。火災も発生したが、風が穏やかだったこともあり、地震ほどには被害が出ていない。死者は総計で一万人ほどと推計されているが、そのほとんどが圧死であった。現在の日本橋付近に住んでいたとみられる城東山人《じょうとうさんじん》こと岩本佐七《いわもとさしち》という人物の記述になる『破窓《はそう》の記』という史料には、

今度の地震は、高地はゆるく、低地はきつい揺れであった。その様子は青山《あおやま》、麻布《あざぶ》、四谷《よつや》、本郷《ほんごう》、駒込《こまごめ》の辺りの高地はゆるく、御曲輪内《おくるわうち》、小川町《おがわまち》、小石川《こいしかわ》、下谷、浅草、本所、深川の辺りは大きな揺れであった。これは自然の理である

とみえ、被害状況を正確にいいあてている。また、

市中出火は通計三〇ヵ所である。これはすべて市中のみの分であり、そのなかに変死人などは、武家方、社家、寺院をこめれば、どれほどの人数になろうか、みんなを集めれば、きっと一万人に余るほどになろう

と述べているが、現在の推計に近い。『なゐの後見草《あとみぐさ》』という史料では、
　御府内市中の人民、一瞬のうちに命を失う者数万人、まことに前代未聞のことであるといい、二日に起こった地震から二週間近くたった一四日に野宿を止めたという。地震後の火災で大きな被害を出したのは、新吉原の遊廓《ゆうかく》であった。同じく『なゐの後見草』にはその様子を、
　煙にまかれ、火に焼かれ、家に潰され、幸いに押しつぶされなかった者も、救出する人がいないので、空《むな》しく焼死した。このように、怪我人、死人がおびただしく、目もあてられない有様であった。そのなか遊女で死亡した者八三一人、客などが四五〇人余り、商人や芸人など、おおよそ一四〇〇人余り。あわせて死人は一七〇〇人余りであったという
と悲惨な状況を伝えている。周囲を「おはぐろどぶ」で囲まれ、大門の出入り口にかかるはね橋を降ろす間もなく火の海となったもので、逃げ場を失った遊女たちの哀れは言語を絶する。
　余談ながら、この地震で小石川の水戸藩邸も大きな被害を蒙《こうむ》った。前藩主徳川斉昭《なりあき》を支えて「水戸の両田《りょうでん》」といわれた戸田忠敞《とだただあきら》、藤田東湖《ふじたとうこ》が圧死している。これによって、以後、水戸藩は改革派と保守派との抗争が激化し、政局の中枢からはずれていくのである。

この地震では、江戸町奉行が民政を一手に握っていたこともあって、対応は迅速であった。炊きだしが行われ、御救小屋《おすくいごや》が建てられ、諸物価・手間賃引き上げが取り締まられた。また、復興に必要な職人が集められた。町会所《まちかいしょ》には町入用費を節約して毎年積み立てる「七分積金《しちぶつみきん》」があり、非常時に備えた囲い米が備蓄されており、こうしたものを背景に救援が行われた。また、御救小屋も資財が常備されており、一〇〇〇坪ほどを半日でつくる仕組みがあったという。有徳の施行《せぎょう》も行われ、次第に人々は日常を取り戻していったのである。

鯰絵

ところで、地震の後、「鯰絵《なまずえ》」なるものが出現する。地震を鯰に見立てて笑いのめすなかに世直しの期待が込められた。無届けの不法出版で、公儀の禁令にも拘《かか》わらず、二ヵ月ほどの間に大量に出回った。鯰が地震を起こしたことを陳謝したり、震災復興を手伝ったりするものなどユニークなものや、鹿島神宮《かしまじんぐう》（茨城県鹿嶋市）の祭神武甕槌大神《たけみかづちのおおがみ》が要石《かなめいし》によって大鯰を封じ込めるという伝承から、鹿島大明神と鯰をモチーフにしたものも多い。

巨大地震からの復興

さて、近世における巨大地震からの復興は、前代に比べて、かなり組織的に迅速に行われたといえよう。幕藩制組織を通じて、被害状況の把握とその救済が行われたが、大名が幕府に借入金を申し入れ、普請手伝いが命ぜ

図4　鯰　　絵

られるなどの手当もなされた。一方で、末端の町や村単位で救済や防犯などが行われており、また、有徳の施行も自発的に行われ、混乱のなかで復興への足場が形成されていった。

一方で、復興しえない被災地もあった。慶長《けいちょう》一六年（一六一一）九月に会津を襲った会津地震では、川底が隆起して川を堰《せ》き止め、湖（山崎新湖）が生じて集落が水没した。また、会津と越後を結ぶ街道も三キロほど水没したため、集落は移転し、街道も南に移設されて新たに宿場町が形成された。山崎新湖が水抜きされて消滅したのは地震から三〇年ほど後のことである。

近年でも二〇一一年の台風一二号の豪雨でできた土砂ダムを取り除くのに、最新鋭の機材を投入して、三ヵ月を経過してようやく下流域が安全になるほどであるから、充分な機械もない江戸時代初期において、湖に水没した集落を復興することは、移転することでしか手立てがなかったのである。

堰き止め湖は弘化《こうか》四年（一八四七）三月に起こった善光寺《ぜんこうじ》地震でも出来た。この地震は善光寺の六年に一度の本尊御開帳に全国から多くの参詣者が集まっていたところに発生し、多くの建物が倒壊し、出火で門前町の大半を焼失した。発生が夜の一〇時ころであったため避難しにくく、人的被害を大きくした。門前町周辺だけで三〇〇〇人ほどの町人、寺院関係者が死亡し、総計で八〇〇〇〜一万人ほどが死亡したほか、一七〇〇人ほどの旅人も死んだという。倒壊家屋は二万九〇〇〇〜三万三〇〇〇戸におよび、全壊・焼失家屋は二万戸におよぶ。マグニチュードは兵庫県南部地震より少し大きい七・四と推定されている。この地震で標高七六四メートルの岩倉山《いわくらやま》（虚空蔵山《こくぞうやま》）が大崩落して犀川《さいかわ》の流れを堰き止め、これがのちに決壊して千曲川《ちくまがわ》などの下流域の善光寺平一帯に大洪水の被害をもたらす二次災害となった。被災地の主要部を占めた松代藩《まつしろ》（真田家《さなだ》一〇万石・長野市松代町）は、堰き止め湖の決壊による二次災害を防ぐために努力し、大規模な水害で、田畑・家屋・財産の被害は大きかったわりには、死者一〇〇人ほどにおさまった。

こうした大地震からの復興、あるいは二次災害の被害抑止などは、為政者いかんによるところがあり、松代藩などは良き領主を擁したということであろうか。

また、善光寺地震で大きな被害をうけた飯山藩《いいやま》（本多家二万石・長野県飯山市）では、地震後、道路を拡張してその中央に用水路を配するなど、藩の承認を得て、町人たちが自主的に城下町形成に関わったという。当時の支配構造からみれば注目すべき出来事である。これなども、開明的藩主を擁したがゆえに実現可能なことであったといえよう。しかしながら、財政基盤の貧弱だった飯山藩は、その後も長く災害の後遺症に苦しんでいる。

噴火災害と人々

富士山噴火

宝永大地震が襲った四九日後の宝永四年（一七〇七）一一月二三日、富士山の南東側の山腹から突如大噴火が起こった。

静岡県の富士市あたりから見上げると、その向かって右側に大きなくぼみがあり、そのすぐ下にこぶのような盛り上がりがみえる。秀峰富士の優美な裾野《すその》を立ち切っているそのくぼみとこぶは、宝永火口・宝永山とよばれている。これが宝永の噴火によって生まれた火口で、海抜二七〇〇メートル付近に一三〇〇×一〇〇〇メートル、深さ一〇〇〇メートルの大きさがある。吹き飛ばされた山体の容積は一キロ立方メートル（一〇億立方メートル）におよぶ。宝永山は海抜二六九三メートルであるが、その噴出物の堆積で生じたものではない。宝永山は現在の富士山の下に眠る古い富士山（古富士）が宝永大噴火を起こしたマグマの上昇によって押し上げられて、一山を形成したものといわれる。

噴火は一一月二三日の朝一〇時ごろに始まった。焼け石や焼け砂がひっきりなしに降りそそぎ、東麓の村々はたちまちその下に埋まってしまった。夜になると、無数の火の玉が飛びかい、火山雷による電光がきらめいた。この噴火で火口に近い須走村《すばしりむら》は、ほとんど全滅に瀕した。噴火開始とともに、村全体が黒雲にすっぽりと包まれたようになり、昼夜の区別もつかなくなったという。やがて、暗黒の空から焼け石が激しく降りはじめ、大きいものでは直径四〇〜五〇チセンもあった。焼け石は地上に落ちると粉々に砕けて燃え上がり、直撃された家はたちまち炎上した。死傷者も続出し、富士山参詣の登山口でもあった富士山東麓の須走村七五戸中三七戸が焼失、残りはすべて倒壊したという。

『三好維堅筆記《みよしこれたてひっき》』という史料にいう、

> 大御神村《おおみかむら》の天野氏の家記に左の通りにある。宝永四丁亥《ひのとい》年冬一一月二三日昼辰《たつ》の刻(午前八時)、大地震が突然起こって、すぐに黒雲が西方に出た。天の雲中に音が鳴った。おびただしい数の雷鳴のようであった。巳《み》の刻(午前一〇時)ころに頻《しき》りに砂石が降ってきた。大きなものは蹴鞠《けまり》のようであった。地に落ちて火焔《かえん》を吹き出だし、草木を焦がし、民屋を焼いた。(中略)火災の無い所は、日中でも暗夜のごとくで、燭を点《とも》して見ると黄色に見えた。(中略)人民の辛苦はいかばかりであろうか。降砂の

害を恐れ、一旦は他方に逃れても、誰が生活出来る土地を与えてくれよう。再び砂石のなかに帰り、家屋に積もった降灰を除いても、降砂の山は深い。水力を借りて田畠に積もる砂を川谷に流すのだが、累代の重器を売り払って年老いた親の面倒をみるしかなく、愛する幼児を差し出して、他郷の奴僕《ぬぼく》とするほかない。まして家畜の類などはいうにおよばない

と被災の様子を伝えている。

ほかにも大御神村・深沢村《ふかさわむら》・用沢村《ようさわむら》などの周辺の村々は大きな打撃を受け、五〇ヵ村が一面火山礫《かざんれき》地と化した。噴火は一二月九日未明まで一六日間断続的に続き、須走村では三メートル以上の焼け砂が積もった。噴出物は偏西風にのって静岡県北東部から神奈川県北西部、さらに一〇〇〇キロ以上離れた房総半島にまで降った。江戸でも六センチほど積もった。

新井白石の自叙伝『折たく柴の記』には、

一一月二三日、午後に将軍家宣から来るようにとの仰せがあった。夕べより地震があり、この日の午後に雷の音がした。家を出るにおよんで、雪の降るようなのを見たところ、白い灰が降っていた。西南の方を望むと、黒い雲が起こって、稲光が頻りにしている。西城に参り着く頃には、白い灰は地を埋めて、草木もまた白くなっていた。（中略）この日、富士山が噴火して焼けたのだということを聞いた。これより後、黒

い灰が降り下ることが止まず、一二月の初《はじめ》におよんで九日の夜に至って雪が降ったとみえる。

復興と二次災害

噴火がおさまって後、村に帰ってきた人々を待っていたのは、焼け砂に埋もれた農地や家であり、収穫を奪われたことによる深刻な飢饉であった。さらに問題は、積もった火山灰を取り除かなければ生活が立ちゆかないという点にあり、この「砂除け《すなよけ》」が復興のための大きな課題となった。

降灰の多かった地域の大部分は、当時小田原藩領（藩主は幕府老中でもあった大久保忠増《おおくぼただます》）であったが、当初の藩の対応は鈍く、緊急の救恤米《きゅうじゅつまい》を支給したものの、藩の検分使の対応のまずさもあって、郡中三筋《みすじ》一〇四ヵ村が江戸へ強訴《ごうそ》に赴く騒ぎとなり、藩財政が窮乏していた小田原藩は、対策を幕府に委ねざるをえなかった。

翌宝永五年閏正月、幕府は、被災村の幕府直轄領への編入を決定する。小田原藩領だけでも、五万六三八四石余り・一九七ヵ村、小田原藩領の半ばを超える領地が上知《あげち》され、砂除川浚《かわざらえ》奉行に任命された関東郡代伊奈忠順《いなただのぶ》の管轄下に入った。ついで幕府は、被災村救済資金として、全国から幕領・私領ともに石高一〇〇石につき金二両とする諸国高役金四八万両余りを徴収した。しかし、元禄の華美な風潮が幕府財政を窮乏させていたおりであり、実際に救援資金に支出されたのは一六万両であった。

砂除川浚奉行伊奈忠順は、幕府の方針に従い、救済政策の重点を足柄《あしがら》地方の酒匂川《さかわがわ》治水におき、深砂の積もった御厨《みくりや》地方の砂除には二次的な位置づけしか与えなかったという。のちに災害地域の実態認識を深め、金銭的援助を行ったが、深砂地域の住民たちは自力で砂除、再開発を行わざるをえなかった。なかには他郷に寄宿して「よそ者」扱いに耐えた人もあり、三・一一大震災のおりの原発非難民に通じるところがある。彼らがこの噴火災害から立ち直るには三〇年余りが必要であった。

しかし、噴火災害はこれにとどまらなかった。広範囲に降り積もった焼け砂は、次第に押し流されて酒匂川に集中し、下流に運ばれていく。大量の焼け砂が酒匂川の足柄平野への出口にある防水堤（大口堤）に堆積し、その翌宝永五年六月に起こった激しい豪雨によって、一気に決壊し、濁流はまたたく間に足柄平野をなめつくして泥の下に埋めてしまったのである。大きな二次災害であった。その後も決壊は繰り返し、水下《みずしも》六ヵ村（神奈川県南足柄市）は、享保《きょうほう》一一年（一七二六）に大口堤大改修がなるまで一五年にわたって避難生活を送ることを余儀なくされた。

なお、幕領とされた被災地は、約七〇年後の安永《あんえい》三年（一七七四）までに、最深砂地の御厨の大御神村を除いて小田原藩に返還された。

このように、噴火災害は洪水をともなう複合災害となり、被災した人々は公的支援を受

図5　浅間山夜分大焼之図（美斉津洋夫氏所蔵，群馬県立博物館提供）

けたとはいえ、自力救済を行わざるをえなかったのであり、半世紀以上にわたる長い苦しみに耐えなければならなかったのである。巨大災害からの復興は決して容易なことではないということを改めて感じる。

浅間焼け

いま一つの巨大噴火災害に天明三年（一七八三）の浅間山噴火がある。「浅間焼け」として知られる巨大災害である。

この時期は、一〇代将軍徳川家治《いえはる》の治世で、田沼意次《たぬまおきつぐ》の全盛時代であった。しかし、翌天明四年に意次の子、若年寄《わかどしより》意知《おきとも》が佐野《さの》政言《まさこと》に江戸城中で刺殺されたころから、意次の力は急速に衰え、同六年に失脚。ついで老中首座となった松平定信《まつだいらさだのぶ》の寛政《かんせい》の改革が始まる。

浅間山の噴火活動は、天明三年四月に始まり、六月二八日から一段と激しさを増し、七月六日から八日にかけて最大の爆発が起こった。七月六日の夜から七日にかけて吾妻《あがつま》火砕流が山体の北東方向に流出、次いで八日、幅約五四メートル、高さ一五〇〇～二〇〇〇メートルにおよぶ火煙を噴き上げ、鎌原《かんばら》火砕流が時速一〇〇キロを超える速さで北側斜面を流下して一五キロ離れた山麓の鎌原村（嬬恋《つまごい》村）を襲い、四ヵ村を埋めて吾妻川へ流れ込んで流れを堰き止めた。鎌原火砕流に続いて鬼押出《おにおしだし》溶岩流が北へ流れ出し、現在見る観光名所「鬼押出」を形成した。

天明四年の無量院住職の手記『浅間大変覚書《あさまたいへんおぼえがき》』によれば、

> 七日、鳴動が前日よりはるかに激しく、老若男女みな寝食を忘れて浅間山の方ばかり眺めていた。山から熱湯が噴き出して、南目の林を見る間に燃え尽くし、獣の類もみな焼死した。原も一面の火の海となり目もあてられぬ有様であった。天に吹き上げること、一〇〇里もあろうかという。また石が降り落ちること雨のようであった。
>
> 八日昼四ツ半時時分《じぶん》は鳴動も少々納まったが、すぐに熱湯が一度に一〇〇丈余りも高く噴き出し、原一面に押し出して谷や川を押し下り、神社仏閣民家草木すべてを押し流し、そのあとは真っ黒になり、川筋の村々七五ヵ村、人馬残らず流失した。この流れの速いこと、いっときに一〇〇里余りも押し流し、その晩方には銚子《ちょうし》まで流れ出

たという

とみえる。また、『浅間大変記』は、

（火砕流が）押し出して上州（上野国・群馬）吾妻川を通って鎌原村をはじめとして大前より川付近の村々を押し流した。最初の流れは黒く、家の囲いや森そのほか老木まででみな押し流し、砂津波が煙を立てて、震動を伝えた。次の泥火石は一〇〇丈余りも高く打ち上がり、闇夜に火石が光り、一〇〇万の雷が轟《とどろ》くように、火焰が空を貫くかと思われた。暖波他は一面泥の海となり、老若男女が流死した

と述べている。

鎌原村

なかでも悲惨だったのは鎌原村である。ここは村高三三二石の幕府領で、交通の要所でもあり、宿場としても機能していた比較的裕福な村だったという。そこへ突然に火砕流が襲いかかり、村のほとんどすべてを埋め尽くした。九三軒あった家も九二町歩あった田畑も泥に埋まった。五九七人いた村人のうち四六六人が死亡し、助かった者は他所へ出ていたか、村の高地に逃れた者だけで、馬も二〇〇頭のうち一七〇頭が死んだ。

この鎌原村は、昭和五四年（一九七九）から五七年にかけて発掘調査が行われており、小高い場所にある観音堂前の石段（現在は一五段）を調査したさい、五〇段あることがわ

かり、その昇り口から二体の女性の人骨が発掘された。親子か年の離れた姉妹と推定されており、この場で火砕流に巻き込まれたのであろう。

天明の　生死をわかつ　十五段

という句が伝えられている。大噴火後につくられたという以外何もわからないが、鎌原村の人々の悲惨さを伝える句である。

生き残った村人のうち、他出した者を除く九三人は、みな家族を失いバラバラになってしまったが、幕府の意向を受けた近隣の村の助けを得て、まず、村人の家族再編が行われた。厳しい村落社会の身分秩序にあって、それを白紙として、夫婦縁組み、養子縁組を行って家族を再構成することから復旧は始まった。

鎌原村は幕府領であったことから、災害直後から復旧に着手した。埋まった田畑の再開発と道づくりを主として、鎌原村の人々を雇用して救済するとともに、それだけでは足りない労働力は近隣の村々に求めた。しかし、薄いところで三メートル《メートル》、厚いところでは一〇メートル《メートル》にもおよんだ火砕流の堆積は容易に取り除けるものではなかった。四割ほどの耕作地は復旧出来たが、その後は遅々として進まず、鎌原村の人々がおちついて死者を弔《とむら》うことができたのは三三回忌にあたる文化《ぶんか》二年（一八〇五）のことである。

なお、財政難に苦しむ幕府は、熊本藩にお手伝い普請を命じ、実際には普請にかかった約一〇万両の金を拠出させている。

被害は火砕流の流れた山体の北側ばかりでなく、南側にも降石・降灰の被害をもたらした。軽井沢宿では総数一八五軒すべてが破損し、碓氷峠《うすいとうげ》を越えた坂本宿《さかもとしゅく》でも降石・降灰が一米《メートル》余りも積もった。

第二次災害

さて、鎌原村を埋め尽くした火砕流は吾妻川を堰き止め、一時に決壊して大きな第二次災害を引き起こした。吾妻川流域の六ヵ村を押し流し、壊れた人家や家財道具、巻き込まれた人馬等は利根川を下って、銚子から太平洋に達した。一部は江戸川に流れ込んで、市川御番所手前の中州に打ち上げられた。下小岩井村の人たちが、その一三回忌の供養に建てた碑「天明三年浅間山横死者供養碑」が、現在善養寺（江戸川区東小岩井）に残る。五五村が被害を受け、一六二四人が死亡した。

『諸国地震記』という史料には、「吾妻・群馬両郡九五ヵ村が押し流され、あるいは泥が入って、前代未聞の災害であった」とみえ、『真際雑記《まぎわざつき》』という史料によれば、

昨九日未《ひつじ》の刻、利根川の水の色が変わって泥のようになった。不審に思って眺めていたところ、根っこから抜けた大木をはじめ、人家の材木調度の類がみな粉々に砕けて、またそれに交わって手足の切れた人や馬の死骸も数知れず一面に浮き、ひきもきらず流れてきた（中略）僧俗男女の屍は手足も切れて首も無く、子を抱いたもの、蚊《か》

帳《や》に巻かれたもの、織物を腰にまとわりつかせたもの、あるいは手と足が交わって身体が半分にちぎれたものなど、生々しい死骸が水の色もわからなくなるほどに浮き流れて来た

と壮絶な様子が描かれている。

なお、天明三年は噴火の影響による冷夏のせいもあって穀物不足に物価上昇が重なり、被災によって困窮した人たちの一部は一揆勢力となって中山《なかせん》道《どう》を西に向かい、米穀商を打ちこわす「天明騒動」となった。

噴火の影響

天明の浅間山大噴火は、二次災害も含めての直接被災地だけでなく、放出された膨大な量の火山灰が成層圏に数年間滞留して日光の照射を妨げ、全国的に冷害を引き起こして天明の大飢饉を悲惨なものにした一因ともいわれる。また、偏西風に乗った火山灰は北半球全体の気候にも大きな影響を与え、同年に噴火したアイスランドのラーホ火山とともに、西ヨーロッパの冷温を引き起こして連年の凶作となり、それが政治的動揺と社会不安を増幅させ、フランス革命の遠因にもなったという考えもある。

近世における噴火災害からの復興は、幕府や藩などの救済が大きな力となったことは否めないが、近隣の村々の協力や、富裕層の自発的支援なども大きな力となった。鎌原村の例でいえば、家族構成から復興するという難しいものであった。砂除け等にも他村の労働

力の協力をえて、長い年月をかけて少しずつ復興していった。二次災害である洪水被害では、長い間避難生活を余儀無くされた村もあったが、幕府による築堤のような大工事によって復興を果たすことが出来た。いずれにしても、支援なしには復興しえないし、支援があっても被災民の自助努力によるところが大きかったのである。

島原大変肥後迷惑

ところで、噴火によって津波が引き起こされ大災害となった雲仙普《うんぜんふ》賢岳《げんだけ》の噴火災害に触れておく。寛政四年（一七九二）四月に起こったもので、「島原《しまばら》大変肥後《ひご》迷惑」として知られる。

普賢岳の噴火によって眉山《まゆやま》（前山）が崩落し、大量の岩石土砂が有明湾《ありあけわん》に流入して津波を引き起こしたもので、流下した長さは二・五キロ、総量は二〇〇〇立方メートルにおよび、新焼溶岩とよばれる。これによって島原半島東側で大きな被害を出した。眉山の東側の天狗山（眉山の嶺の一つ。現在の標高は六九〇メートル）が頂上から大崩落を起こし、有明海に崩れ落ちた。死者は一万一八四人といわれる。さらに、これによって有明海には九十九島《つくもしま》という大小五十余の島を形成するとともに、津波が引き起こされて対岸の肥後（熊本）を襲い、予想だにしなかった肥後領では四六五三人の溺死者を出したというものである。波高は高いところで二三メートルほどにもおよんだと推定されている。

この災害に対して、島原藩は即座に一七歳以上の男子を徴発して被災地に向かわせ、松《たい》

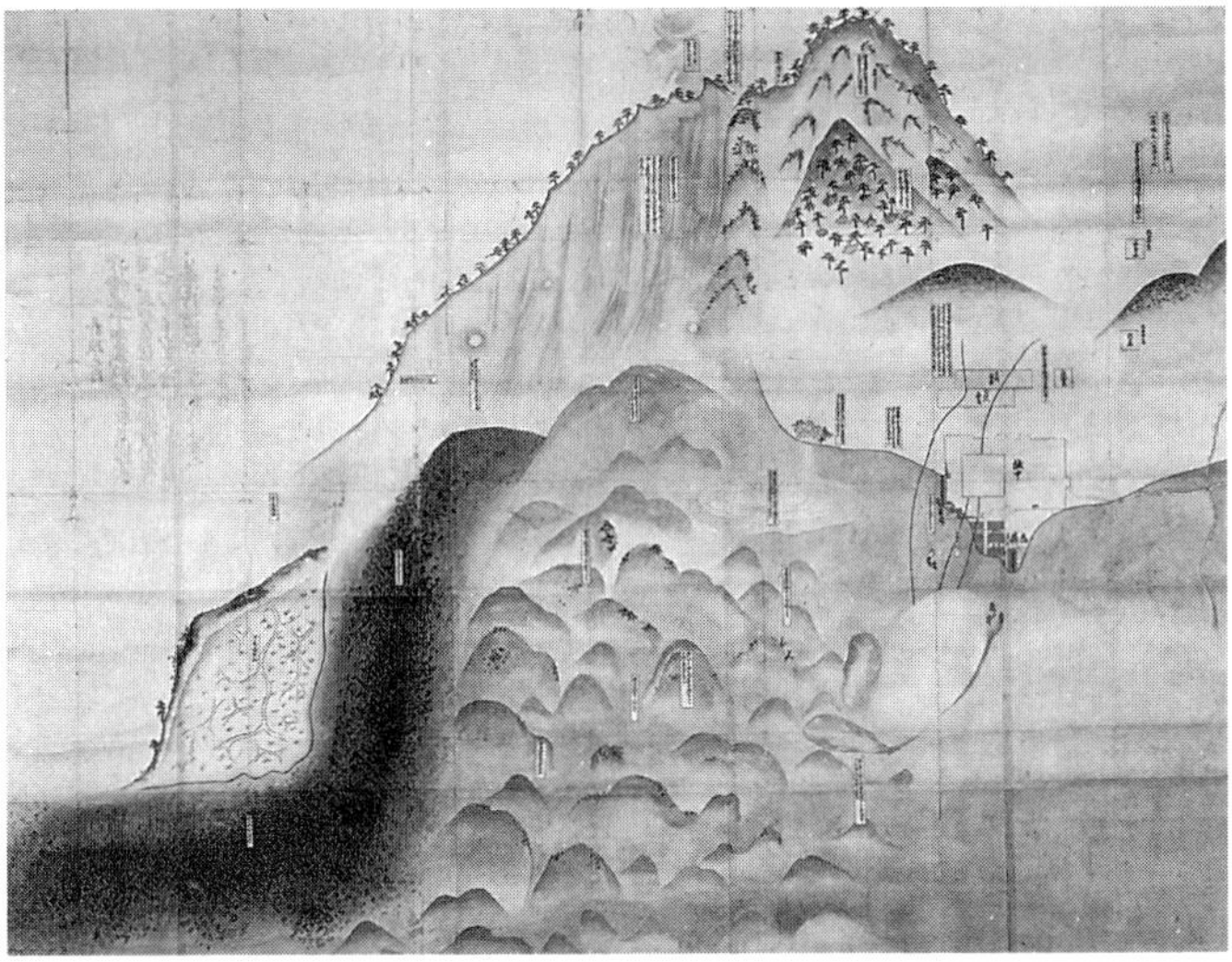

図６　島原大変大地図（肥前島原松平文庫所蔵）

明《まつ》を手に救助にあたらせた。また、藩医を含めて至急医者三〇名余りを集めて医療に対応し、炊きだしなども行われた。被災家屋については、建坪あたり銀一三匁《もんめ》が支給されたといわれる。眉山崩れで出来た白土湖《しらちこ》の排水工事や道路の復旧、大手橋の改築などが行われ、文政元年（一八一八）には大がかりな大手内海の浚渫《しゅんせつ》が行われた。

これらに要した費用は多く藩が拠出したが、有志による寄附や、住民から藩への上納もあった。藩では、幕府から一万二〇〇〇両、大坂商人から一八万両を借り入れている。文化三年（一八〇六）には島原半島三三ヵ所に四〇〇〇両を割当てており、借財の支払いに充てられていたようで、最終的には被災民を含めた民衆に負担はのしかかってきたのだが、藩民一体となって復興に努力したのである。また、震災後の寛政六年には当時貴重だった蠟《ろう》のもとになる櫨《はぜ》の実の買い上げ基準を五五万斤《きん》（一斤は約六〇〇グラム）から二五〇万斤に増加して藩の増収をはかるとともに、農民の現金収入も確保することで、自力復興を推進している。

三大飢饉

享保の大飢饉

江戸時代には三大飢饉といわれる飢饉があった。享保、天明、天保《てんぽう》の飢饉がそれである。ほかにも寛永（一六四二・三）、延宝《えんぽう》（一六七五）、元禄（一七〇〇）、宝暦《ほうれき》の飢饉（一七五五・六）などがあり、元禄、宝暦、天明、天保を四大飢饉ということもある。飢饉は噴火や風水害などとともに起こることは、これまでにもみてきたが、異常気象、ことに冷温による凶作が江戸時代には顕著であった。そうしたなかで、享保の飢饉は虫害によって引き起こされた飢饉であった。

享保一七年（一七三二）夏にウンカが九州で発生し、四国・中国地方を経て畿内にまで蔓延《まんえん》したもので、ウンカによって稲が食い荒らされて同一八年には大凶作となったものである。この時期は八代将軍徳川吉宗《よしむね》によって享保の改革が推進され、米相場と格闘していたころである。

享保一七年の収穫高は、過去五ヵ年の平均収穫高の七割強の減収であったといわれる。徳川家康から一〇代将軍徳川家治までの出来事を日ごとに記している、一九世紀前半に編纂された幕府の公式記録である『徳川実紀《じっき》』享保一八年正月条には、

すべて山陽・西国・四国等で餓死したものは九六万九九〇〇人だという

とみえる。ただし、これは飢民数の誤りで、幕府が把握した餓死者数は「享保十七年凶荒賑貸《しんたい》表」（『日本災異志』掲載）にみえる一万二一七二人で、これより多かったとの指摘がある。なかでも伊予松山藩の餓死者が他藩に抜きん出て多く、そのために藩主松平定英《さだひで》は処置不適切を咎《とが》められて出仕をとどめられた。

幕府は大坂に米を集めて、払下米請求に応じて被災諸藩に拝借金名目で分与したが、薩摩藩だけは甘藷《かんしょ》栽培によって飢饉を免れ、これを受けなかった。

凶作は米価高騰を招くが、幕府・諸藩は倹約を奨励するとともに、武士・商人による囲い米を禁じたりして対応した。また、雑穀栽培を奨励したり虫害対策を指示したりもしている。

なお、伊予松山藩では義農作兵衛《さくべえ》が米麦の種籾《たねもみ》を枕にして餓死し、翌年の収穫のための種籾を死守した話が伝承されている。

天明の大飢饉

天明の大飢饉は史上空前の飢饉となった。天明三年（一七八三）から同七年まで連年の凶作で、東北地方を中心に、地域差はあるが全国で餓死者が出た。天明二年は春から夏にかけて雨が多く、翌三年は五月ころから冷気が強まり、夏に入っても袷《あわせ》や綿入れを着なければならないほどであったという。この冷害のため大凶作となるのだが、同年に起こった浅間山大噴火によって吹き上げられた火山灰も冷夏を強め、甲信越から関東一円、さらに仙台にまでおよんだ降灰が凶作に拍車をかけたとされる。連年の凶作に、天明六年には一段と凶冷となり、さらに関東を大洪水が襲い、激しい凶作となった。

この洪水について『徳川実紀』には、

両国《りょうごく》・永代《えいたい》をはじめ橋梁《きょうりょう》を押し流し、青山・牛込《うしごめ》などの高台の地さえ山水が出て家屋を破壊した。とりわけ本所・下谷・関口・小日向《こびなた》など低湿地は、大きな家でも軒まで浸《つ》かり、小さな家は屋根を越え、何日も水浸《みずびた》しとなり、平地では一丈（三メートル）を超えた。（中略）この災害によって家屋・衣食・財産を失い、親子・兄弟生き別れて、ただ神社仏閣などの、少し高い所に逃れてようやく一命を取り留める。なかには溺死したもの数知れずと聞けば、たいそう憂える（中略）これまで寛保《かんぽう》二年（一七四二）をもって大水といっていたが、このたびはそれの一〇倍はあるという

図7　天明の飢饉

とみえる。寛保二年の大水とは台風被害で、利根川と浅草川・中川にはさまれた地帯がすべて湖のようになったものである。この関東大洪水は天明六年の大凶作の一因ともなり、堤防を決壊させて印旛沼《いんばぬま》干拓が中止となり、田沼政権崩壊の原因の一つともなった。

八戸藩と弘前藩

天明三年の大飢饉に戻ろう。八戸《はちのへ》藩では、八月ころから村人が山に入って葛《かずら》や蕨《わらび》などを取って食べたが、それも冬には尽きてしまい、翌年の種籾まで食い尽くしたという。

老親を捨て、子を捨てて、他国に逃れるものもあった。あるいは子を川に投げ、我が身を保とうとするものもあった。あるいは、妻子を連れて盛岡・仙台・秋田に移ろうとして、途中で餓死するものもあった。あるいは、妻を離縁し、あるいは姑《しゅうと》を帰し、養子を戻すものもあった。そのほか、なんとか生きようとする人の手段には枚挙に遑《いとま》がない。人倫の道はことごとく捨て去られてしまったと『八戸見聞録』（『青森県史』所収）にある。飢餓から逃れ、なんとか生きるために家族は崩壊し、道徳は踏みにじられたのである。八戸藩の天明二年の減収率は九六％におよんだ。天明四年には農民の総数五万一六一四人中、餓死・疫病死・逃散《ちょうさん》での総数は三万人余りに達したのである。

隣藩の弘前藩では、天明三年に四〇万俵を江戸・大坂に廻漕《かいそう》した（廻米《かいまい》）ため領内の米が枯渇し、米価の高騰を引き起こして飢饉を加速させた。廻米と津留《つどめ》（穀留《ごくどめ》）政策は他藩領でも行われたが、江戸・大坂の商人からの借金で慢性的な財政危機にあった藩は、米価高騰を見越して年貢米を廻漕することで、少しでも借財を減らそうとしたものである。そのため藩元では米穀が不足し、さらに商人の買い占め売り惜しみもあって餓死者を増やした。結果、弘前藩では、死者一三万人余り、他国に逃れた者が二万人あったという。穀留は自藩領の飢饉を救うために他藩に米穀を出させないもので、そのため流通が滞り、かえって飢饉を悲惨なものにした。

江戸時代後期の尊皇《そんのう》思想家で、「寛政の三奇人」の一人として知られる高山彦九郎《たかやまひこくろう》が寛政二年（一七九〇）奥羽地方を巡遊した旅行記『北行日記《ほくこうにっき》』に記述する盛岡（南部）の支藩八戸領（二万石）は、

飢えの年のことを訪ねると、（中略）幼児を生きたまま川に流すものが多かった。人が死ぬと山の木立の下に棄て、あるいは野外にそのまま棄て、川へ流したりする。猪《いのしし》、鹿、狗《いぬ》、猫、牛、馬を食い、また人を喰うものもあった。子が親の屍を土葬するのだが、その余りをみな埋めるということはしない。いったん埋めたものを掘り起こして喰うものもいる。山中でも野外でも放置された屍を喰《く》らうものがいた。煮たり、焼いたり、あるいは生のままでも喰う。（中略）自分の子どもを殺して喰ったという

もののもいた。まさに人ではあるが鬼のような有様だった。この村でも二〇軒ほどが死に絶え、生き残ったものは半数に過ぎない。一〇軒や七、八軒の小さな村には、ひとりも残らず死に絶えたところもある。とにかく、人肉を煮ているときに水滴が火中に飛び、たちまちジュと燃え上がるのは、人肉の油によるものだが、これに過ぎる恐ろしさはないというものだ

と凄惨《せいさん》な様子を聞き取っている。

また、江戸時代後期の旅行家、博物学者であった菅江真澄《すがえますみ》の日記『楚堵賀浜風《そとがはまかぜ》』には、津軽（青森県西津軽郡）の様子を、

村の小道を歩いていると、草むらに雪のむら消えのように、人間の白骨が沢山散らばり、ある場所では山のように積まれているのが目についた。しゃれこうべの穴という穴から、すすき・女郎花《おみなえし》が無心に生え出ている。驚いた真澄が思わず「ああ」と嘆声を発すると、うしろからきた百姓が「これはみな餓死者の骨なのです」という

と記載している。続いて、

「一昨年卯歳《うどし》の冬から昨春にかけて雪中で倒れ死んだ人たちで、そのときはまだ息のあるのも大勢いた。積み重なって道を塞いでおり、通行人もそれを踏み越えて歩くのだが、夜道や夕暮れなどにはうっかり死体の骨を踏み折ったり、腐った腹などに足を

突っ込んだりした。その悪臭がどんなにひどいかわからないであろう。我々は飢えから逃れるため、生きている馬を捕らえ、首に縄をかけて梁《はり》に吊るし脇差・小刀をその腹に突き刺して、血の滴《したた》る肉を草の根と一緒に煮て食べた。また、野原を駆《か》ける鶏や犬を捕まえて食べ、それが尽きると自分の生んだ子や兄弟、あるいは疫病に罹《かか》って死にかかっている者を脇差しで刺し殺してその肉を食べたり、胸のあたりを食い破って飢えを凌《しの》いだ。人肉を食べた者は眼が狼のように異様に光る。いまもそうした人間が村に沢山いる。今年もこのあいだの潮風で作柄がよくないので、また飢饉になりそうだ」こういい残すと、その百姓は泣きながら別の道を去っていったという、とてつもなく陰惨《いんさん》な話を伝えている。

被害が大きかったのは八戸や弘前だけではない。津軽藩では天明三・四年に餓死者八万一七〇二人といい、領内田畑の三分の二が荒廃した。山間部の多い南部藩でも餓死・病死六万四六九〇人、流浪も加えると二割近い人口を喪失した。仙台藩では九割の減収で、餓死者四〇万にのぼったというが、これは少々大げさであろう。天明の大飢饉で東北地方の人口は一〇万ないし三〇万弱が餓死・疫病死・流民などで減少したという推定がある。

飢饉への対策

大飢饉は一面で人災の側面もあった。先に述べた廻漕や穀留などの判断ミスはとくに小藩で事態を悪化させた。一方、次代の幕政改革を行う松平定信を藩主とする白河藩では、餓死者は一人も出さなかったといわれる。また、商人の米穀買い占めなどは飢民の怒りを買い、米価の急騰から各地で一揆や打ち壊しが起こり、天明期にはこれまでになく先鋭化したという。

幕府や諸藩でも倹約をはじめさまざまな窮民救済策に手を尽くした。富裕な者も御救小屋や衣食を供したりするなどしたが、それをはるかに超える勢いで飢饉が広がったのである。

天明六年九月に将軍家治が逝去し、家斉《いえなり》が一一代将軍となる。老中田沼意次が罷免《ひめん》され、代わって抜擢された松平定信が七年六月に老中首座とされ、寛政の改革が始まるのである。天明の大飢饉等が農村の荒廃に拍車をかけたが、それによって領主の年貢収入は激減し、幕府財政は極度に逼迫《ひっぱく》した。都市でも流入する没落農民の増加により、都市下層貧民層が急速に増大した。こうした状況のなかで、「農は国の本」とする松平定信は、農村政策として、他国出稼《でかせぎ》制限令、や旧里帰農奨励令《きゅうりきのう》（人返《ひとがえ》しの法）など、農業人口の回復増加と耕地面積の復旧増大によって本百姓《ほんびやくしよう》の再創出をはかることを意図した。また、飢饉対策として備荒《びこう》貯穀を奨励し、村々に籾蔵《もみぐら》を設置させた。

こうした政策が進められる一方、天明の大飢饉は気候の回復とともにおさまりをみせたが、寛政二年においても、地方によっては、まだその影響は色濃く残存していたのである。

天保の大飢饉

天明の大飢饉から五〇年ほど後の天保年間。再び東北地方を中心に大飢饉が襲った。天保三年（一八三二）の冷夏につづいて、翌四年には低温多雨で、さらに奥羽大洪水や関東大風雨などから大凶作となった。全国的に三分の一作、東北地方では収穫皆無のところも多かったという。そのため同五年の端境《はざかい》期には多くの餓死者が出た。さらに同七年の全国的な凶作は激甚であった。津軽藩では九割の大減収となり、翌八年の端境期には領内餓死者四万五〇〇〇人余りといわれる。その他の地でもおびただしい餓死者を出すに至った。この天保の大飢饉を「七年飢渇《けかち》」という。

それでも天明の大飢饉のときにくらべていくぶんかは犠牲者が少なかったのは、幕府・藩の対策が推進され、都市・農村の互助施設（各藩・各郷村では、郷倉などを設立して、備荒穀が貯蓄された）が整備されていたことなどのほか、商品流通や食料調達が半世紀を経てより容易になったことにもよろう。

仙台藩では天保八年には山間部の村々で大量の餓死者を出し、石巻（宮城県石巻市）周辺一三ヵ村では、天保七年春の人口に比して、翌八年四月までに四六％が死亡したという。そうしたなか、同八年秋の収穫を借財返済のために江戸へ廻漕したため、米不足と米価高騰を引き起こした。こうした状況も、天明の大飢饉時とかわりないが、仙台藩では、農村の自力復興に依存した再開発が求められ、飢饉で荒廃した耕地を「備田畑」として再開発し、そこからの収穫を備荒貯蓄の原資として運用するという案も出されている。

一揆・打ち壊しが激増したことも、天明の大飢饉時同様であった。天保七年の大凶作では甲斐国都留郡《つるぐん》（山梨県都留市）で郡内《ぐんない》騒動という農民一揆が起こり、甲斐国一国にわたる大騒動に発展した。また、天保八年に大坂で起こった大塩平八郎《おおしおへいはちろう》の乱は、米不足からの米価急騰で、大坂市中でも餓死者が続出するほどの惨状を現出したにもかかわらず、無為無策であった町奉行所、義捐金《ぎえんきん》を出ししぶる豪商たちに反発して起こったものである。

飢饉による人的被害によって生産基盤がダメージを受け、翌年の収穫量に影響し、さらに翌々年以降の作付《さくづけ》を減少させるという悪循環は、天明の大飢饉同様であったが、天保一〇年ころから死亡率も減少し、大飢饉も終息に向かったようである。

大飢饉によって激減した人口と荒廃した田畑を回復するのは容易なことではなかったであろう。他郷から移民したり、当面の減税をしたりして、農民の自力復興を促すしかなかったであろう。また、底をついた備蓄米を蓄え直すことも重要であったが、幕府・藩はそうした面でのお触れ出しをして支援し、自力復興による再開発が進められたものと思われる。

江戸の三大火

「火事と喧嘩《けんか》は江戸の華」といわれたように、江戸という都市は火災の頻発した町であった。なかでも三大火といわれるものに、明暦《めいれき》の大火（一六五七）、明和《めいわ》の大火（一七七二）、文化の大火（一八〇六）がある。ほかにも大きな火災としては、寛永一八年（一六四一）の樋町の大火、元禄一一年（一六九四）の勅額火事、宝暦一〇年（一七六〇）の宝暦の大火、文政一二年（一八二九）の己丑《きちゅう》の火事などがある。

明暦の大火

丸焼けのつれなく焼けしわが物の　赤土ばかり憂きものはなし

右は明暦の大火直後の江戸を詠《よ》んだ落首である。なにもかも焼き尽くした大火への憤りと、すべてを失ったやるせなさが伝わってくる。

明暦の大火は、明暦三年正月一八日から二〇日にかけて起こったもので、関東大震災以前においては、日本史上最大のものである。また、ローマ大火（六四年）、ロンドン大火（一六六六年）とともに世界三大火の一つに数えることもある。

正月一八日午後二時ごろ、本郷丸山《ほんごうまるやま》（文京区）の本妙寺《ほんみょうじ》より出火し、駿河台《するがだい》から神田《かんだ》一帯、京橋《きょうばし》方面に燃え広がり、隅田川《すみだがわ》対岸にまでおよんだ。霊巌寺《れいがんじ》（江東区）で炎に追い詰められた九万六〇〇人余りの避難民が死亡した。また、浅草橋では、伝馬町《てんまちょう》解き放ちの囚人たちが押し寄せたというので、門が閉ざされて逃げ場を失った二万数千人もの人が犠牲となった。翌一九日午前一一時ごろに、小石川《こいしかわ》（文京区）の新鷹匠町《たかじょうまち》付近下より出火し、水戸藩の屋敷を焼いた火は、飯田橋《いいだばし》から九段《くだん》一帯に延焼し、江戸城にも燃え移り、総高約六〇《メートル》におよぶ五層五階の天守閣を含む大半が焼失した。火は京橋方面へと燃え広がり、京橋が焼け落ち、焼死体が道を埋め、掘割《ほりわり》に落ちて多くが溺死した。

大火の惨状

江戸時代中期の蘭方医で『解体新書』の翻訳、晩年の懐想録『蘭学事始《らんがくことはじめ》』で有名な杉田玄白《すぎたげんぱく》の警世の書で天明七年（一七八七）成立の『後見草《のちみぐさ》』には、

それより三島町南紺屋町川岸に回り京橋に出たが、橋は焼け落ちていた。男女の死人が山のように重なって目もあてられず、流れる死人どもを踏んで河を渡った。南伝馬町三町のうちは、道幅一杯に死人があった

と記載する。

また、浄土真宗の僧である浅井了意《あさいりょうい》による仮名草子『むさしあぶみ』には、一九日申《さる》刻（午後四時）すぎのこととして、

> 猛火が先々まで燃え、目の前の京橋から中橋に至るまで、四方の橋が一度にどうっと焼け落ちた。ここに火のなかに取り巻かれた人々は右往左往してわめき叫ぶ。火が間近に迫って、耐えかねた人たちは、人を楯にして火をよけようとし、煙にむせんで転ぶ者もあり、体に火が付いて倒れる者がある。急ぎ押し合うなかに、煙にむせび、火に焼かれて倒れると、将棋倒しのように、みなが倒れ転ぶ。そのうえに焔《ほのお》が落ちかかり、煙が渦巻き、呻《うめ》き叫ぶ声は地獄の罪人どもが焦熱地獄《しょうねつじごく》の焔に焦がされ、獄卒の呵責《かしゃく》を受け、阿鼻叫喚《あびきょうかん》の声をあげ、悲しみ叫ぶかのようだ。ここに焼死する者およそ二万六千余人、南北三町、東西二町半に重なり倒れた死骸で空き地も無い

と、大火に巻き込まれた人々の悲惨な様子を述べている。

さらに午後四時ごろになって、麹町《こうじまち》（千代田区）の町家からも出火して南東方面へ延焼し、芝《しば》から愛宕下《あたごした》まで焦土と化したが、二〇日午前八時ごろに新橋《しんばし》（港区）の海岸に至ってようやく鎮火した。

この火災による被害は延焼面積・死者ともに江戸時代最大で、外堀以内のほぼ全域、大

名屋敷、市街地の大半を焼失した。町屋の焼失四〇〇町余り、焼失総面積は二万五七四ヘクタール《ヘクタール》といわれ、死者一〇万七〇〇〇人ともいうが、死者の実数は明らかではない。おおよそ五、六万人というところであろうか。なお、この大火後、四代将軍徳川家綱《いえつな》の後見人をつとめていた保科正之《ほしなまさゆき》が幕府の老臣たちと諮《はか》って、本所牛島新田五〇間《けん》（約九〇メートル《メートル》）四方の地に一〇万数千人の無縁の屍を舟で運んで埋葬して無縁塚を築いた。これが回向院《えこういん》（墨田区両国）の始まりである。なお、安政の大地震の犠牲者七千余人も葬られている。

ちなみに延宝三年（一六七五）ころに建立された石造「明暦大火横死者等供養碑」は、東京都指定文化財となっている。

振袖火事

明暦の大火は別名、振袖火事《ふりそでかじ》ともいわれるが、その由来は以下の俗説による。大正九年（一九二〇）に矢田挿雲《やだそううん》が『江戸から東京へ』で紹介した話によれば、上野の質屋の娘梅野が寺小姓《こしょう》を見初《みそ》めて、小姓が着ていた着物に似せた振袖をつくってもらった。しかし、娘は小姓を想い続けながら、見初めた翌年の承応《じょうおう》四年（明暦元・一六五五）正月一六日、一六歳で死んでしまった。棺を蔽《おお》って本妙寺に納められたその振袖は、法事後に古着屋へ売り払われ次の娘の手に渡ったが、その娘も病気で同じ日に一七歳で死亡した。同じように本妙寺に戻った振袖は再び古着屋の手を経て次の娘のもとに渡ったが、その娘も同じ月日に一七歳で亡くなり、三たび、振袖は本妙寺に納められた。そこで、この因縁深い振袖について住職が三家と相談し、本妙寺で供養することにした。ところが、和尚が読経しながら振袖を火のなかに投げ込んだ瞬間、突如吹いた強風によって火の付いた振袖が舞い上がって本堂の茅葺《かやぶき》屋根に落ちて燃えはじめ、それが燃え広がって江戸中が大火となったという。

人名、地名など細部に異同はあるが、おおむね右のような筋立てとして伝えられている。大火間もなくから伝えられたものといわれるが、天和《てんな》二年（一六八二）の八百屋お七事件の影響が指摘されており、事実ではない。

この大火の特長は火元が一ヵ所ではなく、本郷、小石川、麹町の三ヵ所から連続的に発生した点にあり、ひとつ目の火災が終息しそうなところへ次の火災が発生した点にある。このことから、火元に諸説が生まれた。一つは、俗説にもあるように本妙寺出火延焼説である。今一つは放火説であり、その一つは、六年前に起こった由井正雪《ゆいしょうせつ》の乱の残党が放火して幕府を転覆させようとしたというもので、一時は幕閣でも議論となったという。いま一つは、幕府が江戸の都市改造を実行するために放火したとする説である。四つ目は、本妙寺火元引き受け説で、実際の火元は老中阿部忠秋《あべただあき》の屋敷であったが、幕府威信のため近くにあった本妙寺が火元とされた、というものである。本妙寺は火元であるにもかかわらず、被災後も寺地を動かず、寛文七年（一六六七）には寺格が出世しており、また、阿部家が幕末まで毎年本妙寺に米一〇俵を届けていた、といったことが根拠とされている。いずれが正しいかはなんともいえない。

江戸の都市改造

明暦の大火を契機に江戸の都市改造が行われた。道路などの区画整理を前提として建築制限令が出され、御三家の屋敷が江戸城外へ移され、それにともない武家屋敷・大名屋敷を移して跡地を防火用空閑地とした。寺社も中心部以外は浅草、駒込、三田《みた》、品川などへ移転した。防衛上、千住大橋《せんじゅおおはし》しかなかった隅田川へ両国橋や永代橋などが架橋され、隅田川東岸に本所、深川など市街地が拡大した。道路の道幅は五間（約一〇メートル）以上とし、とくに日本橋などでは七間とされ、火除地《ひよけち》や延焼を遮断する防火線として広小路《ひろこうじ》、火除堤、火除明地《あきち》が設置された。また、町屋の屋根を土塗か瓦葺きに改めさせた。こうした復興は二月一〇日から始まり、一〇月にはほぼ跡もとどめないほどに復興したという。しかし、江戸城天守閣はこの後ついに再建されることはなかった。

幕府はこの復興に莫大な資金を投入したが、ほかにも大名・旗本等への恩貸金・賜金《しきん》や市民への下賜金など救済にも多額を消費した。また、参勤交代《さんきんこうたい》を免除したり、米価・材木の高騰を抑えたり、倹約令を出したり、さまざまな手をうって復興に尽くしたのである。しかし、これによって幕府財政は急速に窮乏するのである。

なお、日本海側の各港町と江戸・大坂とを結ぶ東廻り航路、西廻り航路を開いたことで知られる河村瑞賢《かわむらずいけん》は、この明暦の大火のときに、木曽福島の材木を買い占め、土木・建築を請け負うことで莫大な利益をえて、諸藩や旗本などの建築も請け負うようになって財を築いた。大火の後には巨額の土木工事が行われ、諸大名は藩邸を再建しなければならなかったし、日常生活に必要なものなど莫大な需要をよび起こしたから、その間に苦しむものもあれば、利益をえる者もあったのである。

明和の大火

明和の大火は、明和九年（一七七二）二月二九日に起こった。目黒行人坂《めぐろぎょうにんざか》（目黒区下目黒）から出火したため、目黒行人坂大火ともよばれる。

二九日未刻（午後一時）すぎに目黒の大円寺から出火したといわれる。炎は南西からの風にあおられて各所に飛火し、麻布本村《あざぶほんむら》（港区）から六本木《ろっぽんぎ》、麻布一帯を焼き、ついで愛宕下《あたごした》から北上して江戸城東部にもおよび、桜田門《さくらだもん》、日比谷門《ひびやもん》の諸門や老中・若年寄などの大名邸も焼失、道三橋《どうさんばし》から神田橋、駿河台へ燃え広がり、京橋、日本橋は焼け落ち、千住方面（足立区）まで帯状に燃え広がって翌晦日の申刻（午後四時ごろ）に鎮火した。一方では小田原方面まで火の海となった。ほかに酉刻《とりのこく》（午後六時ごろ）本郷菊坂町からも出火して駒込、谷中《やなか》、根岸《ねぎし》を焼き、上野寛永寺内にもおよび、山王権現社《さんのうごんげんしゃ》を焼き、谷中本村（荒川区）におよんで夜半過ぎに鎮火した。被災した町は九三四、大名屋敷は一六九、橋

図8　目黒行人坂火事絵（国立国会図書館所蔵）

は一七〇、寺は三八二を数え、神田明神、湯島天神、湯島聖堂等の寺社も罹災《りさい》した。死者は一万五〇〇〇人、行方不明者は四〇〇〇人を超えたといわれる。

また、江戸市街地の三分の一を焼き払った、この大火は放火だとされる。放火犯は武州熊《くま》谷《がい》無宿の長五郎（坊主真秀）で、火付盗賊改長官である長谷川《はせがわ》平蔵宣雄《へいぞうのぶお》（『鬼平犯科帳』で有名な平蔵宣以《のぶため》の父）の配下によって捕縛され、六月二一日市中引き回しのうえ、小塚《こづか》原《っぱら》で火焙《ひあぶ》りの刑に処されたという。

この大火が起こった時期は田沼意次の政権下であり、明和七・八年の旱魃《かんばつ》、九年の風水害による凶作など天災も続いたため、同九年一一月に年号が安永《あんえい》と改められた。しかし、その後も天明年間（一七八一～八九）にかけて災害は続いたため、「年号は　安く永しと変れども　諸色高直　いまにめいわ（明和）九」と落首されたことは有名。大火後の諸物価高騰が庶民を苦しめたのである。

文化・天和の大火

文化の大火は文化三年（一八〇六）三月四日に発生した。丙寅《へいいん》の年に出火したため、丙寅の大火ともよばれる。また、通称、車町火事・牛町火事ともいう。

四ツ刻《よつどき》（午前一〇時）すぎに芝車町《くるまちょう》（港区高輪《たかなわ》）の材木座付近から起こった火は、田町《たまち》通り、三田通りの二方向に燃え広がった。一方は、新橋まで燃え、もう一方は、増上寺《ぞうじょうじ》の五重塔などを全焼して愛宕下を焼き尽くして大名・旗本屋敷を焼き払い、新橋に至って一段と火勢を強め、木挽町《こびきちょう》・数寄屋橋《すきやばし》に飛び火して京橋・日本橋を焼き払い、隅田川沿いの町屋・武家屋敷を灰燼《かいじん》に帰し、両国橋を焼き落とした。さらに神田、浅草方面にまで燃え広がり、浅草見附《あさくさみつけ》の外へ出た火は、東本願寺（台東区）などを焼いた。江戸の西南から北東にかけて、幅平均七町半（七五〇メートル）、長さ二里半（一〇キロ）を焦土と化し、翌五日の大雨によって、正午ころまでには鎮火した。

焼失面積は下町を中心に五三〇町、焼失家屋一二万六〇〇〇戸、諸藩邸八十余り、寺社八十余り、焼死者・溺死者一万二〇〇〇人を超えたといわれる。この人数に抑えられたのは、過去の二つの大火による消防体制の強化があったからである。

このため町奉行所では、被災者のために江戸八ヵ所に御救小屋を建て、五万七〇〇〇人ほどを収容して炊き出しを始め、幕府は一一万人以上の被災者に御救米銭（支援金）を与えた。このときも物価騰貴が起こり、日用品は一日のうちに一〇倍にもなったといい、幕府は厳重に取り締まった。

ところで、八百屋お七で有名な天和の大火について触れておこう。

天和三年（一六八三）一二月二八日に発生した大火で、「お七火事」ともいう。この時期は家綱の治世とは対照的に、五代将軍綱吉が厳罰をもって臨んだ初政のころで、堀田正俊《ほったまさとし》を大老に抜擢して、華美に流れる風潮を引き締めつつあった。また、前年の天和二年の金沢藩邸を焼失した火災後、盗賊改めに任ぜられた中山勘解由《なかやまかげゆ》が厳しい巡察をして放火犯を多く捉《とら》えたという。こうした世相を背景に発生した大火である。

駒込大円寺《だいえんじ》（文京区）からの出火とされ、本郷・日本橋から本所・深川まで燃え広がり、翌朝五時ごろまで延焼し続けた。死者は三五〇〇名余りと推定されている。「お七火事」と称される所以《ゆえん》は、この火事で焼け出された八百屋八兵衛《やへい》の一六歳になる娘お七は、檀那寺であった吉祥寺《きちじょうじ》（本郷の円乗寺ともいう）に避難し、そこで寺小姓と恋仲になる。火事がおさまり焼け跡に家が立ち直ると、お七一家は寺を引き払ったが、お七は寺小姓への想いが募り、もう一度火事が起きたら会えるかも知れないと思い募る。そして、寺小姓に会いたい一心であちこちに放火し、捕まって鈴ヶ森《すずがもり》刑場で火焙りの刑に処せられたのである。井原西鶴《いはらさいかく》が『好色五人女《こうしょくごにんおんな》』でお七の悲恋物語として描いて有名になった創作だが、モデルになった女性は実在したと考えられている。

京都の大火

大火は江戸に限ったことではない。京都では、とくに一八世紀以降に大火が集中している。そのなかで天明の京都大火は応仁の乱を別にすれば、京都史上空前の大火であった。天明八年（一七八八）正月晦日未明、鴨川東岸の宮川筋「団栗図子《どんぐりずし》」（建仁寺《けんにんじ》の門前を西に曲がる通り）より出火したため、「どんぐり焼け」とも称する。

午前五時ころ、団栗図子の空家より出火したとされ、南と西に飛火した。西は鴨川を越え寺町通に燃え移り、ここから各方向に延焼を続け、西は二条城を襲って本丸などを焼き、さらに北は御所一帯を焼きつくした。火の勢いは、翌日も衰えず、終日燃え続けて、二月二日早朝にようやく鎮火した。その被災地域は、ほぼ京都市中全域におよび、北は鞍馬口《くらまぐち》通《どおり》、南は東本願寺を含む六条通、東は鴨川を越えて二条新地・大和大路に至り、西は二条城を越え千本通にまで達した。焼失町数合計一四二四町、焼失家屋数三万六七九七、焼失寺社数二三八とされる。御所・二条城・公家屋敷・大名屋敷の多くが焼失し、焼失地域は市中の約七五％に達したという。死者は一五〇人とも一万八〇〇〇人ともいわれている。

この大火は、江戸にも衝撃を与え、老中松平定信が直接上京して、京都復興計画を指揮し、被災民には米銀を貸与し、米価諸色の高騰を禁じた。御所再建をめぐって、一時は朝幕間の政治的緊張を生むまでに至ったとされるが、寛政元年（一七八九）三月に着工して翌年一〇月には落成している。

ほかにも油小路通姉小路《あねがこうじ》角より出火して四九七町、百余の寺社、一万四〇〇〇軒余りを焼失した宝永の大火が、宝永五年（一七〇八）三月八日に起こっている。また、幕末の元治《げんじ》元年（一八六四）七月一九日に生じた蛤御門《はまぐりごもん》の変で長州藩邸（現京都ホテルオークラ）付近と堺町御門付近から発生した火災は、六・七条あたりを火の海にし、上京の一部と下京の大部分を焼失した。八一一町、二万七五一三軒、寺社三一三が罹災し、人的被害は負傷者七四四名、死者三四〇名とされる。天明の大火に次ぐ被害を出した。これを京都では「どんど焼け」「鉄砲焼け」とよんでいる。

大坂の大火

大坂でも大火は起こった。寛文五年（一六六五）正月二日に落雷により、大坂城天守閣が炎上し、以後再建されることはなかった。宝永五年（一七〇八）一二月二九日には、道修町《どしょうまち》淀屋橋筋より出火して、北は過書町《かしょまち》（中央区北浜）、東は鑓屋町《やりやまち》（東区）、南は平野町（平野区）まで焼き尽くし、焼失家屋八〇〇〇軒におよぶ大火が起こった。

もっとも甚だしかったのは、享保の大火である。

享保九年（一七二四）三月二一日午《うま》の中刻《なかのこく》（正午ころ）、南堀江《みなみほりえ》橘通《たちばなどおり》（西区）の金屋《かなや》治兵衛《じへえ》の祖母妙知《みょうち》宅から出火し、たちまち燃え広がって船場を全焼、淀屋橋を焼き落として堂島《どうじま》・曽根崎《そねざき》一帯を焼き尽くし、天満《てんま》に延焼して与力同心屋敷や町屋を焼いて、北は南長柄村《ながらむら》、国分寺村（北区）におよんだ。また、上町に燃え移って東西両奉行所を焼き、島ノ内に延焼して道頓堀を越えて千日《せんにち》（中央区）におよび、翌二二日申の上刻《じょうこく》（午後三時ころ）まで燃え続けた。

この大火は火元の治兵衛の祖母の名にちなんで「妙知焼け」とよばれる。大坂の約三分の二を焼失し、町数四〇八、家屋数一万一七六五軒、社寺四四が罹災し、死者二九三人という大災害であった。当時の大坂市中の町数は六〇五町、家数一万七六五四軒というから、その被害のほどが知られよう。市中のほぼ三分の二が焼けたことになる。

なお、これを機に西町奉行所は、東町奉行所隣から、内本町橋詰町《うちほんまちはしづめちょう》北側（中央区本町橋）に移転した。また、この火災後、庇はすべて瓦葺きにするよう御触れが出されている。

このほか、天保八年（一八三七）の大塩平八郎の乱にさいして、大塩の屋敷（北区天満）より出火して、天満・船場・上町《うえまち》のほぼ全域、総町数一一五町を焼き払った「大塩焼け」や八月一八日の政変で七卿《しちきょう》が都落ちした文久《ぶんきゅう》三年（一八六三）の一一月二一日戌《いぬ》の刻（午後八時）、新町橋東詰五幸町《ごこうまち》（中央区南船場）から出火して東に燃え広がり、二三日午前九時ごろにようやく鎮火した「新町焼け」では、船場・上町（中央区）を中心に約一五〇町が焼失している。これらを「妙知焼け」とともに、大坂三度の大火という。

大火からの復興は、まず、すべてを焼け失った被災民には、幕府や藩による御救小屋への収容、御救米の支給貸与などが必要であった。ついで幕府や藩による巨額の投資によって町並みの再建がなされるのであり、巨大な土木工事が行われることになる。被災民はそこに雇用される形で生活の再建に資することはあっても、彼らの自力ではいかんともし難かった。また、明暦の大火後にみたように、町並みは防火上の観点から、計画的に復興されたのであり、それによって被災民は強制的に移住させられることもあったであろう。

一方、大火後に必ず起こるといってもよい物価高騰に庶民は苦しむのだが、それを幕府が厳しく抑制することも、日常生活への復興としては欠くべからざる施策であったのである。

近世の災害からの復興

近世における災害からの復興は、前代に比べて、かなり組織的に迅速に行われたといえよう。幕藩体制により、幕府から末端まで支配が貫徹していたことによろう。早期の被害状況の把握、御救小屋の設置や御救米の支給貸与などが行われ、大名にはお手伝普請が命ぜられたほか、各被災藩などからは借入金の申し入れなどがなされて復興にあたった。

噴火災害では積もった砂を除くことが重要であったが、富士山噴火はあまりに規模が大きく、幕府領として復興にあたったが、それでも小田原藩領に戻されるまでには長い年月がかかった。三・一一大震災においても一県単位での復興は不可能であり、国が復興のイニシアチブを取らなければならないのも、災害規模の大きさを示している。

巨大地震や大火からの復興では、計画的復興も行われ、防災を意識した新しい都市整備もなされた。しかし、巨大な土木工事に膨大な資金が必要であり、幕府の財政をより一層窮迫させたのであり、これも今日と似ているところがあろう。その反面、被災民を雇用して生活の糧《かて》をえさせたという点では、復興にとって必要なことであったといえる。

前代にもみられたところであるが、富裕層による施粥《せがゆ》の実施など、いわばボランティア的な救済は重要な働きをしており、一八世紀以降の幕府は、むしろそれを前提にした自力復興に依存した面がある。また鎌原村の復興にみたように、近隣農村等の協力も重要な働きをした。大局的にみれば幕府・藩による復興事業も、そうした富裕層や周辺住民の協力なしには、被災民の生活再建はありえなかったものと思われる。

しかし一方で、富士山噴火後の深砂地域の住民たちのように、自力砂除、再開発を行わざるをえなかった場合もあり、幕府・藩にとって必要なところが重点的に復興されはしたものの、切り捨てられた被災地もあったのである。

飢饉からの復興は、飢饉が疫病を生み、また飢饉を招くといった悪循環に陥りやすく、連年の凶作と飢饉という図式は前代にもみられたところであるが、そこから復興するには、天候が回復して作付が行われ、数年はかかったのである。この場合、極端な人口減少と荒廃地の増加からの復興ということが必要になってくるが、ほかからの移住などをすすめたにしても早急な復興がなしうるものではなかった。被災の爪痕《つめあと》は長らく残存したものと思われる。

江戸時代においても、巨大災害からの復興は、土地建物等が幕府・藩による復興であったとしても、被災民の生活自体は、結局のところ自力で復興するしかなかったという点においで、前代と同様であったといえる。

江戸時代には想像以上に災害が頻発しており、災害からの復興をなしえないうちに次の災害に見舞われるという状況があった。とくに農村が被災する場合が多かったが、地震や火事などは都市をも容赦なく襲ったのであり、「宵越《よいご》しの銭は持たない」という江戸っ子気質《かたぎ》も、そうした災害の頻発に一因があったのであろう。江戸の町並みは常に新しく賑やかではあっても、頻繁に被災民になりうる庶民にとっては、安定的に生活を送るということは難しかったのではなかろうか。農村においては備荒貯蓄が災害から彼らを救う一つの手段ではあっても、絶え間ない災害と厳しい税の取り立てで、備荒貯蓄が充分に積み上がる間もないほどであったであろう。その意味では、完全に復興を成し遂げたといえるまでには一世紀ほども時間が必要だったのである。

濃尾地震から阪神・淡路大震災へ

濃尾地震

地震の様相

明治二四年（一八九一）一〇月二八日午前六時三八分、福井県南部の山奥に端を発した岩盤のずれは、岐阜県の西部を縦断して愛知県境にまで達し、北北西—南南東方向に総延長約七六キロの断層が出現した。三一日までの四日間に、烈震四回、強震四〇回を含む地震は合計七二〇回を数え、その後も余震は絶えなかった。

明治二四年といえば、第一次松方正義《まつかたまさよし》内閣のときである。その二年前に東海道線が全通し、前年には第一回帝国議会が召集され、大日本帝国憲法が施行されている。わが国が「富国強兵」を掲げて、洋風近代化を推進し、ようやく近代国家としての体裁を整えたばかりのころであった。その点で、人命、家屋の損害はもちろんであるが、鉄道・電信や、学校、産業などにも大きな被害を与えた。

震源地は本巣郡根尾谷《もとすぐんねおだに》（本巣市根尾）。地震の規模を表すマグニチュードはわが国の内陸地震としては最大級の八・〇。一九九五年の阪神《はんしん》・淡路《あわじ》大震災（兵庫県南部地震）のマグニチュード七・二、一九二三年の関東大震災のマグニチュード七・九を超える。地震のおよんだ範囲は、西は九州全土に、東は東北地方にまで達した。被害は福井県から岐阜県にかけての断層沿いはもちろん、断層から離れた濃尾《のうび》平野の広い範囲におよんだ。震源断層付近および濃尾平野北西部は現在の震度七に匹敵する強烈な揺れとなり、ほとんどの家屋が倒壊した地域もある。

被害状況

被害は岐阜県・愛知県を中心に発生し、建物被害がとくに大きな地域は、地表に現れた断層沿いに分布しているほか、現在の岐阜市、大垣市、一宮市を含む地域にとくに集中し、一部は名古屋市の西部にまでおよんだ。また岐阜などでは倒壊した家屋からの火事も発生し、多くの家屋が焼失した。なかでも被害がもっとも大きかったのは岐阜市である。全・半壊家屋は、岐阜市（当時の岐阜市）で三七四二戸（全戸数の六二％）にのぼった。岐阜の壊滅を伝える新聞記者の第一報は、「ギフナクナル（岐阜、無くなる）」であったという。大垣町では、全壊家屋が三三五六戸、半壊家屋が九六二戸を数え、全半壊家屋が実に全戸数の九三％を超えた。地震発生時が朝食の準備前の時刻であったこともあり、火災発生は比較的少なく、倒壊による圧死者が多かった。

建物被害は、西は兵庫県から東は山梨県まで一五府県におよび、全被害は、全壊・焼失家屋一四万二〇〇〇戸、死者は全国で七二七三人という大災害になった。圧死者数だけをみれば、関東大震災とほぼ同じ数である。また、阪神・淡路大震災では、神戸市という大都市を中心に六四三二人の犠牲者を出したが、濃尾地震当時の人口密度、都市の規模などを考えれば、濃尾地震が、関東大震災や阪神・淡路大震災を遙《はる》かに超える甚大な被害をもたらした地震であったことがわかる。

建築物被害では、伝統的な土蔵の被害は比較的軽かったが、名古屋城の城壁や、宿場町の江戸時代からの建物の被害はいうまでもなく、欧米の技術でつくられた近代建築でさえ、明治二〇年（一八八七）に完成したばかりの長良川《ながらがわ》鉄橋の落下をはじめ、耐震構造になっていなかった橋梁《きょうりょう》や煉瓦《れんが》の建築物などが破壊された。煉瓦造りであった尾張紡績工場では、四三〇人の女工のうち三八人が死亡し、一一四人が負傷している。とくに文明開化の象徴的建物であった煉瓦造り建物が多く倒壊したことは、社会的にも影響が大きかった。

断層のずれによって起こった地殻変動は、断層に沿った各所でみられた。あぜ道がずれ、田畑が沈降して水没したなどの事例は多い。とくに岐阜県根尾村水鳥《みどり》地区（本巣市）に現れた段差六メートルの断層崖《だんそうがい》（根尾谷断層）は国指定の特別天然記念物に指定されている。この断層の最大左横ずれ変位量は八メートルにもおよんでいる。阪神・淡路大震災で、垂直方向に五

図9　濃尾地震によりあらわれた根尾谷断層

○センチのずれを生じた兵庫県北淡町の断層を遙かに超えるものである。

山間部では土砂災害も発生した。地震の強い揺れによって山肌があちこちで崩壊した。山崩れは一万ヵ所にもおよび、少なくとも八ヵ所で天然ダムが出現し、平野部では液状化がみられた。濃尾平野はもちろんのこと、遠く福井平野や大阪平野、石川県、兵庫県でも濃尾地震による液状化被害が確認されている。

なお、「汽笛《きてき》一声新橋を」で有名な一九○○年発表の『鉄道唱歌』（第一集、東海道編）では、岐阜の紹介に鵜飼《うかい》とともに「美濃尾張（身の終わり）の地震」ともよばれたという濃尾地震が歌われている。

34　名だかき金の鯱《しやちほこ》は　名古屋の城

の光なり
地震のはなしまだ消えぬ　岐阜の鵜飼も見てゆかん

地震発生直後から、多くの人たちが救助活動にあたった。当然のことながら役所や警察などが多くの人員を動員して被災者の救助にあたっている。

救　済

それでも救助にあたる人手が不足していたため、大垣町では、家屋の倒壊はもちろん、大地が裂けて水を噴きだし、各所に火災が起こって煙が天を覆う状況であったという。巡査は各所に派遣されて不足していたため、たまたま前夜から宿泊していた「若湊・小柳」などの力士一行が動員され救助にあたった。また刑務所に収容されていた囚人も動員され、警部・巡査等の指揮のもと救助にあたっている。救済された被災者は二〇〇～三〇〇人に達したといわれ、力士も囚人もその活躍を高く評価された。また、師範学校や中学校の生徒も囚人たちと消火活動にあたったことが知られており、未曽有の災害に際して、誰もが人命救助・消火活動に懸命であった。さらに、軍隊も救援にあたっている。のちに陸軍大臣や総理大臣を務めた桂《かつら》太郎《たろう》を師団長とする名古屋の第三師団が消火活動や炊きだし、医療活動に従事した。

このような公的な活動による救助以外にも、民間団体によるボランティアの救助活動も行われている。美濃地域で大きな教圏を持っていた浄土真宗本願寺派は全国の末寺を動員したほか、岐阜市の西別院では、本山から送られてきた米を一万人に施した。キリスト教会でも救済活動を実施した。岐阜市の聖公会・日本基督《キリスト》教会・メソジスト協会が救済会を組織して、県外のキリスト教徒による救済活動窓口となった。また、横浜・神戸の居留地を中心とする外国人による救済活動も行われている。横浜ヘラルド新聞社は義援金募集を行い、横浜居留地外国人総代として横浜商工会議所書記長一行が岐阜に来県して、被災民に義援金・毛布・衣類等を送っている。また、外国からの義援金もあった。この年五月に起こった大津《おおつ》事件で日本人警察官により皇太子を傷付けられたロシアからも送られている。

このほか各種の救済活動も行われ大きな役割を果たした。地震直後には多くの団体や個人の医師、看護婦などがボランティアで医療器機、薬剤などを携行して駆けつけた。しかし、徐々に自己負担が重荷となってきたため、これは一八九一年一一月一一日勅令（天皇が発した法的効力のある命令。制定にあたっては内閣の輔弼《ほひつ》〈事実上の承認〉が必要であった）二〇五号によって救済金や義援金をあてることになる。

地震発生当日から岐阜県内市町村の八割で炊きだしが行われ、炊きだしを受けた者は延べ二一七万千余人、金額にして四万三八〇〇円余りに上った。また、家屋を失った者や倒壊を恐れて外で暮らす者のために避難所が設けられたが、入所希望者が多くなったため、「教育所」を設けて入所資格を厳密にした。そのため、貧窮者で仮小屋を建てる余力のない者でも入所出来ない者もいた。もっとも、それらをみな収容するだけの数も収容能力もなかったのではあるが。

写真・石版画

濃尾地震の救援で注目すべきは、当時、新しく登場した、ありのままを写す写真や適当な取捨選択が施され、災害の悲惨さを強く印象づける石版画である。大きな段差ができた根尾谷断層の写真はあまりにも有名だが、それ以外にも災害の様子を伝える数多くの写真が撮影されて新聞などで報道された。

新聞は、一八七〇年に日本最初の日刊紙である『横浜毎日新聞』が創刊されて以来、『東京日日新聞』(現毎日新聞)、『郵便報知新聞』、『読売新聞』、『朝日新聞』などが創刊され、一八九〇年に入ると、発行部数はうなぎ登りに上昇しており、一定の受容層が形成され国民の啓蒙に役立っていた。それに掲載された写真や石版画は、被災地から遠く離れた東京などでも、災害の様子を生々しく知ることになり、多くの人々による救済につながった。

さらに報道した新聞社などによる義援金の募集がなされたことも注目すべき点である。企業・銀行・華族などの東京の富裕層に読者が多い『時事新報』では、当時の金額で二万五六九〇円もの義援金を集めたという。

復興

濃尾平野は、古くから水害の頻発する地域であり、大規模な堤防による治水が進められてきた。濃尾地震はこの堤防にも多くの被害をもたらした。木曽川、長良川、揖斐川《いびがわ》などの堤防はたくさんの亀裂が入って大きく崩れた。堤防は水害から人々の生活を守る生命線であるため、堤防復旧に対する地域の要求が強く、国も重点的に復旧工事費を支出している。

地震発生の二日後に、天皇・皇后両陛下からあわせて一万三〇〇〇円の下賜があり、さらに皇太后より一〇〇〇円が下賜された。一一月一日には松方正義総理大臣が、愛知・岐阜両県を視察している。それによって愛知県には七五万円、岐阜県には一五〇万円を支出するという勅令二〇五号が出された。その後、一二月には勅令二四七号によって土木費補助二〇八万円が支出される。岐阜県は、この勅令二〇五号によって支出された岐阜県分のうち一四〇万円を復旧費にあてている。堤防の復旧は多くの村民の協力を得て人力で成し遂げられたものの、地震により荒廃した上流の山々からの土砂が多く、一八九三年（明治二六）、九五年、九六年には大洪水の水害を受けている。

二回にわたる政府からの復興費支出による堤防修復事業は、県の復旧事務体制ではすばやく対処することができず、実際の工事は町村役場が担うことになった。これによって一種の復興景気も生まれたが、他方では復興費の不足によって修復工事が放置されたり、遅滞するという深刻な事態も生じたことは否めない。

なお、復興費の支出に関して西別院事件が起こっている。岐阜県に一五〇万円が支出されるという情報が急速に広まり、県会議員や『濃飛日報』社員らが中心となって組織された「震災救済同盟会」が有志大会を開催して、救済費を中心に支出すべきことを要求した。ついで二四日に西別院仮本堂下に集まった五〇〇〇人ほどの群衆が、警官と衝突し、警官が負傷したという事件である。この被災民の運動以後、救済と復旧事業が本格化したが、のちの農民運動にまで影響をおよぼすことになった事件である。

一方、学校の復旧は、主に教職員や保護者などの努力によってかなり早い段階から進められた。仮校舎や必要な教材費を県に要求するとともに、教職員たちはさまざまな方法で資金集めに奔走《ほんそう》した。また被災を免れたお寺で早々に仮授業が開始されており、多くの生徒が集まった。被災したにもかかわらず、生徒を学校に行かせたことや、全国から義援金が集まるなど、明治の国民は学校教育再建に大きな熱意を抱いていたことがわかる。

なお、宮内省が震災の復興によって修復や再建用の木材価格が高騰することへの対処として、御料林の立木を被災者に払い下げている。

しかし、復興はなかなか貧窮民にまでおよばなかった。仮小屋をつくることも出来ず、破れ戸障子を並べて寒天に雨露を凌《しの》いでいた一家は少なくなかったといわれ、いくつかの地域では居住地での生活を諦《あきら》めて北海道への移住を余儀無くされた者もあった。

震災予防調査会

この地震の翌年、東京帝国大学理科大学教授であり貴族院議員でもあった菊池大麓《きくちだいろく》の建議に基づき、明治二五年（一八九二）の勅令五五号で「震災予防に関する事項を攻究し其施行方法を審議する」ことを目的として「震災予防調査会」が設置された。当時、お雇い外国人を中心として明治一三年に設立された地震学会がすでに存在し、地震計の設置などの地震研究が開始されていた。それに対し、震災予防調査会は日本人の委員のみによって構成された。

震災予防調査会が行った研究は、地震防災のための研究であり、地震予知をめざした研究と建物の耐震性向上の研究であった。当時は地震が断層運動であることさえ知られていなかった時代で、まず地震に関する基礎的な研究から推進された。ただし、断層運動が地震をもたらすことが明らかになり、最終的に決着するまでに約七〇年の歳月を要している。震災予防調査会の活動は関東大震災を機に設立された東京大学地震研究所に引き継がれ、現在に至っている。

ところで、木曽川沿いに建つ国宝の犬山城《いぬやまじょう》も大きな被害を蒙った。天守台西南隅が崩落して壊れ、小天守も全壊した。この修復のため、総額二五〇〇円と見積もられた修繕費用を地域住民が義援金を募って集め、四年五ヵ月をかけて明治三二年九月に竣工している。

愛知県から旧主成瀬氏に譲渡されて世襲所有することになった城地の管理は、地域住民選出の委員による地域住民主体とされた。地域住民の愛着と維持の努力が復興を可能としたといえる。なお現在は、財団法人犬山城白帝《はくてい》文庫に移管されている。

三陸地震津波

発生の状況

明治二八年（一八九五）、日本は日清戦争に勝利し、領土と多額の賠償金をえた。三国干渉によって遼東《リヤオトン》半島を返還したとはいえ、国民は勝利の喜びに浸っていた。戦争に従軍した兵士たちは翌年にかけて帰還し、各地で凱旋兵《がいせんへい》を迎えて祝賀会が催された。

明治二九年六月一五日は旧暦五月五日にあたり端午《たんご》の節句もあって、三陸地方でも凱旋兵とともに各地で祝いの宴が開かれていた。この日は朝からどんよりとした、小雨が降ったりやんだりした日であったという。

午後七時三二分ごろ、人々は小さな地震の揺れを感じた。現在の震度二、三程度と思われる小さなものであったとされる。緩やかな、長く続く地震動であったが、春以来の地震のなかでも小さいほうであったので、誰も気に留めることはなかった。これがわが国の津波災害史上最大の被害をもたらした地震であるとは誰も思わなかったのである。

こうした地震を「津波地震」という。一般的に断層運動が大きいほど、地震動も津波の規模も大きくなる。海底下の断層破壊が急激に起きれば、陸地でも強い地震動を感じる。しかし、断層破壊がゆっくりと時間をかけて進行した場合、地上では強い地震動を感じることはないが、海底地形は、ゆっくりとではあるが同じように変動し、津波も同じように発生するのである。この場合、何の前触れもないようでもあり、大きな犠牲を出すことになる。

このような地震津波は、たとえば慶長九年（一六〇四）にも起こっている。江戸幕府開府から一年一〇ヵ月後の一二月一六日午後八時ころに起こったこの地震は、駿河湾から徳島沖まで伸びる南海トラフ沿いの地震で、マグニチュード七・九と推定され、犬吠埼《いぬぼうざき》から九州までの太平洋沿岸に襲来した。『当代記』という史料によれば、浜名湖近くの橋本では、家屋一〇〇戸のうち八〇戸が流失し、多数の死者がでるとともに、船が山際まで打ち上げられ、二〇艘余りの釣り船が行方不明になったという。そのほか、紀伊半島西岸の広村では、一七〇〇戸のうち七〇〇戸が流失、阿波の宍喰《ししくい》では、六トル《メー》の津波が襲い、一五〇〇人余りが流死した。土佐の室戸《むろと》では、波高が一〇トル《メー》にも達し、四〇〇人余りが犠牲になった。志摩半島でも、八メートルの津波が襲来している。津波被害による溺死者は約五〇〇〇人とも一万人ともいわれる。

津　波

さて、話を三陸に戻そう。地震の揺れを感じた約三〇分後に、三陸沖約一五〇キロを震源とするマグニチュード八・五という巨大地震によって、巨大な津波が不意に来襲した。リアス式海岸という特殊な地形と満潮時に重なったため、大きな津波が三陸沿岸に襲来、村落を飲み込んだ。『三陸津波誌』には次のように書かれている。

午後七時ごろ地震があった。強くはなかったが震動時間が長かった。十数分過ぎてからまた微震があって、それが数回続いた。海岸では潮の引くべき時間でもないのに引き潮があった。それからまた潮がさし、しばらくたって八時二〇分ごろ海の方から轟《ごう》然《ぜん》と大砲のような響きが聞こえた。しかし、人々は軍艦の演習くらいに思い、気に留める者もいなかった。まもなく、すごい音響とともに黒山のような波が耳をつんざくばかりに怒号し、一瞬の間に沿岸一帯あらゆる全てのものを流しさってしまった

岩手県田老村《たろうむら》（宮古市）では、人口の八三％、唐丹村《とうにむら》（釜石市）では六六％、釜石町（釜石《かまいし》市）では五四％の人が犠牲となった。三陸沿岸全体では、二万二〇六六人に上る死者を出し、流失家屋は八八九一戸に上った。三・一一大震災の被害統計は、二〇一一年一

二月二八日現在で、死者一万五八四四人。行方不明者三四六八人。全壊一二万七一三一戸、半壊二三万一六三九戸であるから、三陸地震津波の被害とよく似ている。ただし、三・一一大震災は巨大地震による揺れをともなっているので、簡単には比較できない面もある。

地震発生後、三五分たった午後八時七分に津波の第一波が三陸沿岸に襲来、続いてその八分後の午後八時一五分に第二波が襲い、第一波で残った家もすべて流し去った。その時間はちょうど満潮と重なっていたため、一段と波高を高くし、リアス式海岸が波のエネルギーをさらに高めて襲来するという悪条件が重なった。

最初に海の異変に気づいたのは、魚を荷揚げしていた海産物問屋の若者たちであったといわれる。海に遠雷のような怪音が聞こえ、船が大きく傾き、いままで海底にあった岩がむき出しになるのがみえたという。

津波は青森県から宮城県にかけての太平洋沿岸を襲い、最高で綾里村《あやさとむら》白浜（大船渡《おおふなと》市）で三八・二一メートルもの打ち上げ高が記録として残っているほか、吉浜《よしはま》（大船渡市）で二四・四メートル、田老で一四・六メートルなどが知られる。

普通、津波の死者は溺死と思われるが、綾里地区の「明治三陸大津波伝承碑」の碑文には、「綾里村の如きは、死者は頭脳を砕き、或いは手を抜き、足を折り名状すべからず」と書かれており、犠牲者は打撲が多く、原型を止めないほど遺体が損傷する悲惨なものであったという。

惨状

釜石では五七〇〇人の人口のうち、約三〇〇〇人が犠牲となったが。翌六月は炎天となり死体が腐敗して遺体捜索が難航した。遺体は家屋の残骸の下敷きになったほか、津波で運ばれた砂にも埋もれ、「まるで人間の砂漬け」のようであったという。また、田老・乙部両村では、約二〇〇〇人のうち生存者は三六人に過ぎず、ほとんどが海中に流された。釜石の浜には毎日、おびただしい遺体が漂着したという。『岩手県統計書』によれば、約八〇〇〇名が行方不明のままとなった。『宮城県海嘯誌《みやぎけんかいしようし》』にみえる一七日の志津川《しづがわ》（南三陸町《みなみさんりくちよう》）の被害報告によれば、

その惨状は想像を遙かに超えて、半死半生の負傷者は各所に呻《うめ》き苦しんでおり、流失破壊された家屋が山を成している。目を見張るほどの荒涼とした悲惨な様子は筆舌に尽くしがたい

という状況であった。ここには三・一一大震災後の情景がそのままあてはまるであろう。

交通・電信網が途絶し三陸は陸の孤島と化したため、内陸に位置する盛岡市内の岩手県庁まで大津波襲来が伝えられたのは、発生から一〇時間後のことで、さらに岩手県から東京に伝えられたのは、翌日一六日の午後六時ころであった。政府や県が救援を始めたのはさらに翌一七日になってからである。

被災後の復旧には、まず瓦礫《がれき》や遺体の片付けが必要であったが、被災地に生き残った人では到底足りず、近隣から人夫を募っている。それでも、近隣に無傷の村落は少なく、結局は内陸から雇用せざるをえなかった。同じく『宮城県海嘯誌』によれば、

事変後一両日は、羅災者はみな驚愕《きょうがく》してどうしていいかわからない状態で、ただ呆《ぼう》然《ぜん》と見ているだけであった。馬はもちろん、死骸が累々と横たわり、警察官は健康な者をして片付けに着手したものの、人夫が少なく一向にはかどらない。気候は暑くなり、屍体は日一日と腐敗するので片時の猶予もない。そこで、近隣の町村長に命じて人夫を差し出させたが、日頃救助に昼夜奔走していた者ばかりで疲れていて能率があがらなかった

という状況であったのである。

そのうち支援を行う民間人もあらわれ、ボランティア活動も始まった。陸軍も第二師団工兵一小隊が気仙《けせん》地方に派遣されている。一ヵ月ほども経つと、人夫費用が国庫から支給されることになり、自治体では被災民に現金収入を得させるため、彼らを雇用して復旧に努めた。海上に流れた遺体回収は、船がほとんど流失してしまったため、海軍の軍艦によって行われ、多くの死体を回収している。

被災民の住まいは、はじめは寺や小学校を避難所としたが、野宿に毛の生えた程度で寝起きしていた者も少なくなかった。やがて仮小屋が建設された。しかし、ほとんどが流失したため木材が不足し、大工も足りず、共同長屋的な仮小屋に甘んじなければならなかったところも多い。時期は夏に向かうときであり、住まいや衣服は最低限でも事足り、自治体では生業である漁業の復旧に力を入れた。さいわい、好漁が続いたため、衣食住に事欠くことなく、しだいに活気を取り戻すことが出来たという。その後、一年ほどの間に順次復興して一応の生活が送れるようになった。

被災民の生活復旧

また、漁業の復興が重要であったが、木材と大工の不足に悩まされた。漁具の損失は日給三〇銭程度であったのに対して三〇〇円を超えたのであり、資金面でも多額の費用がかかった。

なお、皇室からは岩手県へ一万円、宮城県へ三〇〇〇円、青森県へ一〇〇〇円の慰問金が下賜されたが、政府は、内務大臣板垣退助《いたがきたいすけ》を被災地に派遣して視察を行わせ、救済費として四五万円の支出が決定された。明治二九年度の国家歳出は約二億円であったから、救済費としては微々たる額でしかない。明治政府の三陸大津波被害の認識の甘さがうかがわれる。

被災民の生活は、一年ほどである程度は復旧したのだが、家系や漁業共同体としての集落の復興という問題もあった。当時は、家系を継いで先祖の霊を守り伝えるという観念が強く、そのため、親族に生き残った者があれば、形ばかりでも戸籍を継がせることが行われた。全滅した家の場合は、他地域からの移住も行われた。たとえば、両石《りょういし》（釜石市）の場合は、復興工事や漁業関係の若者が入婿して新しい集落を形成して被災地に復興している。ただし、このたびの津波災害を経験していない「よそもの」で形成されたため、三七年後の昭和の三陸大津波で再び大きな犠牲を出すに至った。

一方、津波を避けるために高地に移転した集落も少なくない。有志者が中心となって義援金などを使って移転したもの、自治体が指導して移転したものなどがある。しかし、ときが経つにつれて、生活の利便性を求めて海辺に戻った集落は、再び昭和の大津波の被害を蒙った。高地移転に成功した集落と失敗した集落があったのである。

なお、「よそもの」で復興した集落である姉吉《あねよし》（岩手県宮古《みやこ》市）は、もともと一二戸程度の小漁村で、全戸が流失し、二人だけが生き残った。そこで、隣村などから相続者が入って家を継ぐ形で復興したのだが、もとの浜に復興したため、昭和の三陸大津波で再び壊滅している。「姉吉は全部移って全部戻って、また流された」といわれたが、このたびの三・一一大震災では津波の難を逃れている。それは、昭和の三陸大津波の後、海抜約六〇メートル《メートル》の場所に建てられた「此処《ここ》より下に家を建てるな」という石碑（現存）の警告を守り、坂の上で暮らしてきたためであったという。

昭和三陸大津波

ちなみに、昭和の三陸大津波は、昭和八年（一九三三）三月三日に起こった。岩手県東北沖約二〇〇キロを震源とするマグニチュード八・一の大地震による。岩手県宮古や仙台、石巻で震度五の揺れを感じた。しかし、揺れによる被害は比較的少なく、三〇分ほど後に襲ってきた大津波で大きな被害を蒙った。津波の高さは、綾里で二三〜三〇メートルに達したという。田老では、五〇〇〇戸のうち、流されなかったのは一〇〇戸だけで、死者・行方不明者は一〇〇〇人を超えた。寒さの厳しい時期で、逃げ遅れて負傷した者には、凍死するものが続出したという。被害総計は、岩手県を中心に、家屋約七〇〇〇戸倒壊流失、死者三〇〇〇人余りとされる。

ところで、学校の再開は一ヵ月ほどでみられたが、被害の大きかった岩手県では避難所や病院として使用されたこともあり遅れた。そもそも、学校として使用できるような建物がほとんど残っていなかったこと、教育資財などが流失してしまったこともある。また、児童生徒の犠牲者も多く、明治三〇年（一八九七）には両石・白浜・唐丹などの尋常小学校は廃止されている。また、田老の尋常高等小学校では高等科が廃止され、再開されるまでに六年を要した。

関東大震災

首都を襲う

大正一二年（一九二三）九月一日午前一一時五八分、突如として安政以来の大地震が、東京・神奈川・千葉・静岡・埼玉など一府四県を襲った。マグニチュードは七・九と推定されている。震源域は相模湾を中心に広がり、神奈川県から千葉県南部を中心に震度七や六強の地域が広がっている。それらの広がりは、平成七年（一九九五）の阪神・淡路大震災の実に一〇倍以上に達する。近代化した首都圏を襲った唯一の巨大地震であり、死者・行方不明者は一〇万五三八五人、全壊全焼流出埋没家屋は総計三七万棟に上り、電気、水道、道路、鉄道等のライフラインにも甚大な被害が発生した。

大正時代は第一次世界大戦の勃発によって、「成金《なりきん》」が出現するなど、空前の好景気となり、経済が大きく発展して一気に近代化が進んだ時代である。一方、大戦後の国際協調基調を受けて、大正デモクラシーといわれる風潮が広まる。護憲運動などにより政党政治が力を持ったが、平民宰相といわれた原敬《はらたかし》が東京駅頭で刺殺され、ついで高橋是清《たかはしこれきよ》をはさんで海軍大将加藤友三郎《かとうともさぶろう》が組閣したのは震災の前年であった。しかし、その加藤友三郎総理大臣が急逝《きゅうせい》したのは、震災八日前のことで、「首相不在」という状況にあった。なお、大正一〇年に皇太子裕仁《ひろひと》親王が摂政宮《せっしょうのみや》に就任している。

また、大衆文化が成立するのもこの時代である。都市部で洋風生活を取り入れた「文化住宅」が一般向け住宅として流行しだしたが、戦後不況によって労働争議が激化するなど社会矛盾も深まったとされる。関東大震災は、こうした政治・社会状況のなかで、民衆が近代化を実感しだしたころに襲ってきたのである。

関東大震災では、死者・行方不明者のうち、火災による死者が約九万二〇〇〇人で圧倒的に多い。それ以外の約一万三〇〇〇人のうち、強い揺れで住宅が全壊して死亡した者の数は約一万一〇〇〇人である。この数は阪神・淡路大震災による直接の死者数約五五〇〇人や、明治二四年（一八九一）の濃尾地震の七二〇〇人を遥かに上回るもので、いかに大きな揺れが襲ったかがわかる。地域別には、震源域の直上で震度七の激震地区を広くもつ神奈川県がその約半分を占め、人口密集地の東京市一五区（現東京都心部、山手線の内側と隅田川の両岸に相当）を含む東京府がそれに次ぐ。このほかにも津波による死者二〇〇〜三〇〇人、土砂災害による死者七〇〇〜八〇〇人の大半も神奈川県で発生している。そういう面からみれば、神奈川県を中心に南関東一帯に被害をおよぼした地震ということができる。

東京市一五区

東京市一五区についてみると、住宅全壊棟数一万二〇〇〇棟に対して焼失は約一六万六〇〇〇棟と膨大な数であり、火災被害のおよそ八割が東京市に集中した。とくに東京市本所区横網町《よこあみ》（墨田区）の旧陸軍被服廠跡《りくぐんひふくしょう》（隅田川に面する広壮な邸宅に隣接した面積七㌶《ヘクタール》ほどの土地で、陸軍から払い下げられグラウンドや小学校にする予定で空き地になっていた）では、火災旋風が発生して避難していた約三万八〇〇〇人が犠牲になったことはよく知られている。これは、東京市全体の死者の五五％にも相当する。

これら火災による犠牲者は約六万六〇〇〇人に達し、住宅全壊による二七〇〇人余りを加えると人的被害の約六七％が東京市で生じている。また横浜市でも二万六六〇〇人余りが犠牲になっており、合わせて九割以上の死者・行方不明者がこの両市で発生したことになる。

東京は、おおむね台地では揺れが小さく、低地の下町において揺れが激しかった。雲を凌ぐ高層建築として東京名物となっていた浅草の一二階建ての凌雲閣《りょううんかく》（高さ五二㍍《メートル》、通称

「十二階」）は八階から折れて崩落した。

横浜市

当時の横浜市（現在の中区、西区と神奈川区・南区・磯子《いそご》区の一部）は人口約四五万人で東京市約二二〇万人の五分の一程度の規模の都市であった。中区の臨海地域は横浜港を有し、ホテルや土産物屋などが多い商業地域でレンガ造りの洋館が建ち並んでいた。

横浜市の住宅全壊（全壊後の焼失を含む）棟数約一万六〇〇〇棟は東京市のそれを遥かに凌いでいる。とくに大岡川と中村川・堀川に挟まれた埋立地では、全壊率が八〇％以上に達する。横浜地方裁判所では、公判中で、裁判官、検事、弁護士など一〇〇人余りが圧死している。グランドホテル、オリエンタルホテルも轟音とともに倒壊し、外国人多数が即死した。この関内《かんない》地域は現在のＪＲ関内駅を中心とした横浜の中心地である。火災の発生場所も全壊率の高いこの地域に集中し二八九ヵ所におよぶ。この数は、東京市の二倍以上で、密度にすると数倍以上となる。このことから、火災の発生と建物の全壊が密接に関連し、建物の耐震性を上げることの重要性が震災直後からすでに指摘されており、都市部に限ってではあるが、翌大正一三年（一九二四）の市街地建築物法（一九二〇年施行）の改正において、わが国初の耐震基準が規定され、今日の建築基準法のもととなった。

東京市では多くが火災の犠牲となったが、横浜市でも火災被害は甚だしかった。全戸数約九万九〇〇〇戸のうち六万二六〇〇〇戸が全焼している。一方、火災が多く発生した中心地にもかかわらず多くの人々の命を救った場所がある。それは、約六・四ヘクタールの広さを持つ横浜公園である。陸軍被服廠跡地と同じほどの広さがあった。どちらも周辺がすべて延焼地域となった点、数万人にもおよぶ避難民が殺到したことなど共通する点が多い。しかし、被服廠跡地は避難民の運び込んだ家財道具ですし詰め状態になっていたのに対して、横浜公園では、周辺住宅の多くが全壊し、各所から出火して火の回りが早かったため、ほとんどの避難者が着のみ着のままで、家財道具を避難地に運び込む余裕がなかったこと、多くの樹木が繁茂しており、それが火の粉を遮《さえぎ》ったことや、折から水道管が破裂して園内に大きな水溜りを生じていたことなどが、犠牲者の差となった。

土砂災害と津波

地震による強烈な揺れは、箱根、丹沢《たんざわ》を中心に多くの土砂災害を発生させた。片浦村《かたうら》（小田原市）根府川《ねぶかわ》では、熱海線（現在の東海道線）の根府川駅では、プラットホームに進入してきた列車が激震によって宙に浮き、四〇メートル下の海岸に落下した。それと同時に裏山一帯が崩れ、駅舎も停車中の汽車も転落して海中に没し、多くの死者を出した。また、本震によって箱根の大洞山が崩れ、白糸川を流れ下った山津波が根府川集落を埋めて、逃げ遅れた住民が多数巻き込まれ命を落とした。

また、地震の際に各所で崩壊した土砂は渓床部《たにどこ》に堆積し、渓流を堰止めていた場所も多かった。中郡大山町（神奈川県伊勢原市《いせはら》）では地震発生後二週間が経過した九月一二〜一五日の集中豪雨によって、これらの崩壊土砂が土石流となって一気に流れ下り大きな被害を出した。さらに、翌年の正月一五日に発生した丹沢の余震によってもさらに崩壊が促進された。土砂災害は、三浦半島や房総半島などの広い範囲で発生し、横浜、横須賀、鎌倉などの市街地およびその周辺部にも被害がおよんでいる。

一方、先に述べた根府川での犠牲者のなかには、白糸川河口付近で遊んでいた子供たち約二〇人も含まれていた。根府川地区の海岸部では、本震から五分後に高さ五〜六<ruby>㍍</ruby>の津波が押し寄せた。海からの津波と白糸川からの山津波によって挟み撃ちになって命を落としたのである。関東大震災の津波による死者は一九九三年の北海道南西沖地震（マグニチュード七・八。推定震度六。奥尻島《おくしり》を中心に大きな被害が出た。死者・行方不明者は二三〇人）を上回るほどであった。

震源が相模湾にあったため、早いところでは地震後五分程度で津波が襲来しており、相模湾や伊豆半島東岸で大きな被害を出した。熱海湾の奥で一二<ruby>㍍</ruby>の高さ、伊東でも九<ruby>㍍</ruby>の津波が襲い、三〇〇〇戸以上が流失している。鎌倉や逗子《ずし》でも五〜六<ruby>㍍</ruby>の津波によって、海岸にあった別荘のほとんどが流された。そんななかで、伊豆半島の宇佐美《うさみ》や下田《しもだ》では一七〇三年の元禄地震や一八五四年の安政東海地震の津波による災害経験が生かされ、多数の家屋が流失したものの、地震直後の適切な避難行動により人的被害は最小限に食い止められたという。

東京市の火災

東京市では、地震発生直後から火災が発生し、それらの一部は大規模火災となって九月三日午前一〇時まで延々四六時間にわたって延焼が続いた。東京市内で一三四ヵ所、郡部をあわせれば一七八ヵ所から出火した。このうち八三ヵ所は消防署員や民間人の消火活動によって消し止められたが、消し残った九五ヵ所が強風にあおられて拡大延焼していった。さらに飛び火も激しく、市内だけで百余ヵ所に飛び火して火の手があがった。火炎は合流して五八の大火となり、もっとも早い火で毎時八〇〇メートル以上の速さで町をなめつくした。

延焼は、市域全面積七九・四平方キロのうち四三・六%にあたる三四・七平方キロにおよび、日本橋区（中央区）は一坪も残らず焼失し、浅草区（台東区）は九八・二%、本所区（墨田区）は九三・五%、京橋区（中央区）で八八・七%、深川区（江東区）で八七・一%が焼失しており、市街地のほとんどが焼失した。とくに浅草区北部、神田区（千代田区）西部、本所区では、軟弱地盤による地震動の増幅が木造家屋の倒潰《とうかい》を招き、そのことが延焼火災の同時発生という最悪の事態をさらに招いて、多くの火災による犠牲者を出すという結果となった。

図10　震災後の浅草公園周辺

地震のあった九月一日から二日にかけては、日本海を台風が通過しており、そのためフェーン現象によって関東地方では一〇メートル以上の南西風が強く吹いていた。また、気象の変化はかなり激しく、一日の昼過ぎまで南風であったが、夕方には西風になり、夜は北風、二日の朝からは再び南風となっている。こうした風向の変化にともなう延焼方向の変化が延焼範囲の拡大や避難者の逃げ惑いを生じさせ、逃げ場を失った避難者の犠牲が増大する要因につながったと指摘されている。一日の午後一二時から一九時の間は、風速は八月、九月の東京では月に一度程度しかないほどの強い風であったという。

延焼と犠牲者

地震発生後一時間後の九月一日一三時には、神田区南神保町（千代田区）、浅草区江戸町などで、逃げ遅れによる死者が出始めている。一四時には、浅草区浅草寺《せんそうじ》周辺の火災一二ヵ所、神田区神保町付近の九ヵ所が合流して、浅草区田中小学校敷地内で約一〇〇〇人、本所区錦糸町《きんしちょう》駅で六三〇人、浅草区吉原公園で四九〇人など多くの死者が出ている。一六時には、深川区、本所区の火災が合流して、同区太平町横川橋北詰で約七七〇人が死亡したほか、枕橋（墨田区）、竪川河岸（墨田区・江東区）など河川や運河際で死者がでており、一七時には、避難場所として安全だと思い込んでいた被服廠跡地も火災に呑まれ、多数の犠牲者を出した。一九時には、神田駅が西側と東側から迫ってきた火災に呑み込まれ、避難していた人が犠牲となった。多数の死者がひとつの場所で発生するのは一八時ごろまでで、それ以降は少人数が散発的に亡くなっている。

多くの人々は家財道具を荷車などに積んだり背負ったりして逃げたため、路上は人と物であふれかえり、迫った火が荷物に引火して、燃えさかる荷物に逃げ道を塞がれて焼死し、延焼していったという。

火災旋風の悲劇

火災による旋風は、東京だけでも被服廠跡地以外に一一〇個発生し、また、横浜、小田原等でも発生した。多くの証言によると、被服廠跡地付近に火災旋風が襲来したのは、一五時三〇分くらいから一六時三〇分ころの間で、そこに避難していた人々の命が短時間のうちに奪われたという。被服廠跡地に火災旋風が襲ったとされる時間帯には、被服廠跡地の西以外の三方から火の手が迫り、隅田川対岸の浅草区蔵前《くらまえ》の東京高等工業学校を火元とする火災も南北に広がっていた。隅田川を渡って被服廠跡地にやって来た旋風が火災の影響で生じたものだとすると、高等工業高校を火元とする大規模な火災域の影響で旋風が発生したと考えられるという。

被服廠跡地での悲惨な光景を吉村昭の『関東大震災』は以下のように記述している。

そのうちに近くの町に火災が起りはじめ黒煙もあがったが、不安を感じる者はいなかった。避難者の数は時を追うにしたがって激増し、やがて敷地内は人と家財で身動きできぬほどになった。

町々が徐々に焼きはらわれて、被服廠跡にも火が迫った。そして、火の粉が一斉に空地にふりかかりはじめると、一瞬、家財や荷物が激しく燃え出した。たちまち空地は、大混乱におちいった。人々は、炎を避けようと走るが、ひしめき合う人の体にぶつかり合い、倒れた者の上に多くの人々がのしかかる。炎は、地を這うように走り、人々は衣服を焼かれ倒れた。その中を右に左に人々は走ったが、焼死体を踏むと体がむれているためか、腹部が破れ内臓がほとばしった。そのうちに、烈風が起り、それは大旋風に化した。初めのうちは、トタンや布団が

舞い上っていたが、またたく間に家財や人も巻き上げられはじめた

吉原公園は新吉原遊廓内における唯一の空き地で、その境内には弁天池と称する池があった。娼婦たちは迫り来る火に耐えかねて次々に池に入ったが、多くが溺死して池は人の体で埋まった。その陰惨な有様を、先の吉村昭の『関東大震災』は富士松千鶴太夫《ふじまつちづるたゆう》（本名石川正作、当時二六歳）の回想として、以下のように記している。

全く驚きましたね。池に何百という花魁《おいらん》が重なり合っているんです。寝巻姿のままで腿《もも》をむき出しにしていて、それがからみ合って水につかっているんです。焼けこげの死体は余りなく、髪をふり乱したままの花魁もいました。池というよりも人間の溜り場みたいでしたね。寝巻の色が華やかであるだけに、陰惨な感じでした。それから二日後に私はもう一度行ってみましたが、まだ死体の処理はおこなわれていず、ひどい腐臭で、長くは立っていられませんでした。残暑の頃ですから腐敗も早かったんでしょうが、死体がダルマ様のようにふくれ上っていましてね、見られたもんじゃありませんでしたよ

こうした悲惨な情景は各所でみられたのであろう。火に追い詰められて逃げ場を失った者たちの恐怖が伝わってくる。東京市の犠牲者で最も多いのは焼死の約五万三〇〇〇人、それに次ぐのが溺死で、約五三〇〇人、圧死約七三〇〇人の七倍強である。大火における河

川や池は生命を救う一方で、命を奪ったのである。

東京市の防火対策と消防

ところで、東京は、明治維新から関東大地震までには、銀座レンガ街の建設（一八七〇〜七五年）、東京市街延焼防止条例の公布（一八八一年）、東京市域の道路沿線を塗屋と瓦屋根で占めることをめざした東京防火令の公布（一八八四年）、東京を近代国家の中枢とするための市区改正条例（一八八八年）や都市計画法・市街地建築物法（一九一九年）の施行などによって、焼失戸数五〇〇戸以上の火事件数は、明治期に三六件であったが、大正期には震災を除いて四件に激減している。

一方、関東大地震当時の警視庁消防部は、六消防署に八二四名の常備消防員を置き、ポンプ自動車三八台を主力とし、水管《すいかん》自動車（消防ホースを積んだ馬車）一七台、はしご自動車五台、監督自動車、手曳《てびき》ガソリンポンプ、オートバイポンプ各一台を擁していた。消防部には市部消防組四〇組に一四〇〇名余りの予備消防員も属し、消火栓に直結して放水する一二〇台の手曳水管車を装備していたが、彼らは江戸時代の町火消の流れを汲む鳶《とび》職人たちであった。東京には消火栓を持つ水道が隈《くま》なく敷設されていたので、ポンプ自動車は各消防署、出張所、派出所におおむね一台ずつ配置されていた。このように当時の東京市の消防体制は、最新の技術を活用する国内最有力の消防組織といえる水準ではあったが、震災時の断水と火災の同時多発という事態は想定されていなかったし、また、それに見合う装備と人員からは程遠いものであった。

地震直後に火災が広まったのは、消防が充分に機能しなかったこともあるが、昼食時でほとんどの家に火の気があり、倒壊が出火につながりやすかったことにも一因がある。また、周辺住民は下敷きになった人々の救出に追われ、すぐに消火や避難といった行動を取ることが出来なかったことにもよる。

住民たちの消火活動

それでも、風向きや地形を生かした消防活動が成功した場所も少なくない。なかでも秋葉原《あきはばら》駅東側の神田和泉町《いずみちょう》、佐久間町では一六〇〇戸余りが焼け残った。この一区画が焼け残ったのは関東大震災の奇跡とまでいわれた。この地域は内務省《ないむしょう》衛生試験所や三井慈善病院など比較的耐火の構造建物が多く、郵便局や市村座劇場など煉瓦造りの建物が並んだところは防火壁の役割を果たした。また、水道は断水したものの神田川などの水利にも恵まれ、延焼が迫るまでに時間的余裕もあった。そこで住民たちは、江戸時代からの習慣であった飛び火を防ぐための、延焼してくる側の建物の引き倒しや、必死のバケツリレーなど三〇時間におよぶ消防活動を繰り広げたという。その結果、広大な焼失地域のなかでここだけが焼け残ったのだが、それぞれの方向からの火災が時間をおいて迫ったため、住民は比較的落ちついた対応が可能であった。一日の夜に西から火が迫ると、住民たちの多くは一・五キロほど北の上野公園に避難し、消防活動をする人だけが町内に残った。この避難経路が火災の脅威を受けたのは二日の午後以降であったが、避難先で一夜を明かした住民はその前に町に戻って消火活動に加わった。鎮火後半日以上たった南側の焼け跡への避難が可能になっていたからである。

この地域に消防用ガソリンポンプが二台存在したことも幸いした。一台は三井慈善病院の自衛用で、もう一台は町内の帝国喞筒《そくとう》株式会社にあった目黒消防署へ納入前の製品であった。延焼や飛び火を防ぐため、燃えていない家や燃えはじめた物に水を掛けるのはバケツでも出来るが、炎上中の建物に放水して火勢を弱めることができるのはポンプである。三井慈善病院のポンプは病院周辺で活用されて町の一角を守り、二日の午後になって活用された帝国喞筒のポンプは、最後まで消防の主力となった。このように、佐久間町の焼け残りは、すべて住民たちの努力によるものであった。

消火の効果

一方、町を守りぬくことだけが消防の効果ではない。浅草の老松町《おいまつちょう》は二日の朝に全焼したが、その前日に、住民たちは、消防隊とともに隣町まで延焼してきた火災に立ち向かい、一度は延焼を阻止している。その後、焼けて半日たった隣町の焼け跡に家財とともに避難して、一人も死傷者を出さなかった。また、深川の門前仲町《もんぜんなかちょう》では、一日の夕方に地元の在郷軍人や青年団が近くの陸軍糧秣本廠《りょうまつほんしょう》と商船学校からポンプを借りて東側からの延焼を防いだ。この場所はわずか三時間ほど後に反対方向からの延焼で燃えたが、この間、北側から迫った火に追われた人々に洲崎《すさき》埋立地への貴重な避難路を提供することができたのである。つまり、消化活動で町を守りきれなくとも、避難の時間稼ぎとしては有効であったことを示している。

被災民の避難場所としては上野公園、浅草寺境内、宮城外苑、日比谷公園、芝公園、赤坂離宮周辺、新宿御苑のほか、小中学校、寺院、神社等であった。しかし、当時の東京市一五区の住民約二五〇万人のうち一五〇万人ほどが家を失うという事態に対して、防災準備のなかった公的機関ができることは乏しかった。避難所としてまとまって提供できたのは市立小学校であったが、全一九五校のうち一一一校が焼失したので、破損している残りの小学校に学級あたり二〇人を収容したとして、ようやく三万人、被災者の五〇人に一人しか収容できなかった計算になる。したがって、多くがその他の場所に避難した。最大の避難場所となったのは上野公園の約五〇万人であるが、ほかにも宮城前広場で約三〇万人、浅草観音境内の約七万人、芝公園・洲崎埋立地に各約五万人などが避難している。

もちろん被災地の警察や軍隊は、直後から所在地周辺で救護や消防を行ったが、交通網の破壊、電話や電信の途絶などのため、組織的な動きは鈍かった。各区役所や警察署は炊き出しなどによって被災者へ食物提供を行ったが、その供給食数は、地震発生翌日の二日夜までに二五万食程度にとどまった。家を失った人々の一日の昼から二日夜までの五食を計算すれば、わずかに三〇分の一にすぎない。

自助・共助・公助

一方、他府県からの支援には注目すべきものがある。五日には大阪府知事の提唱で、関西・四国・中国地方の府県が「関西府県連合震災救護事務所」を設立した。この活動は、京浜地域への救援物資の調達と組織的海上輸送、医療救護班の派遣などをおもな内容としたが、ほかにも、被災地から他府県へ避難した人たちの住居斡旋や就職斡旋なども行った。また、バラック小屋の建設も実施するなど、被災者の救援に大きな役割を果たした。これには莫大な経費がかかっているが、ほかにも一般市民からの義援金や救援物資も相当な額があったとみられている。

しかし、公的な援助がなかなかおよばないなかで、被災者たちは自助努力を行い、また、自らも被害を受けながらも被災者を助けた周辺住民たちの助力があった。すぐには焼失しなかった地域では、住民たちが持ち出した七輪《しちりん》（移動可能な木炭や豆炭を燃料に使用する調理用の炉）や急造した竈《かまど》で米を炊き、握り飯を分け合った。営業を続けた商店で食料を買った人も少なくない。また、上野公園などでは、避難した住民たちによって、やがて急場の掘立小屋がつくられた。

被災者に施しをするという江戸時代以来の慣例は生きており、被災程度の軽い者は、より重い者に施し見舞った。また、探しに来た人に救護され収容された例は多いし、公的な救護所に収容された負傷者も、応急手当の後、知人によってより環境の整った病院や家に運ばれた例も多い。延焼に追われた人々は、自ら知人の家を頼り、あるいはグループで助け合いながら知り合いの家をめざした。いささかでも余裕がある家や、華族の屋敷、寺院などには、とりあえずの行くあてがない人々も収容され、非焼失地域の家々は被災者で溢《あふ》れた。

皇族であった梨本宮伊都子《いつこ》妃の日記には、九月二日の記事に、

やがて、門内には町よりの避難民が続々と入りこみ、玄関前などに二千人余りも居る。このときの心には何もなく、ただ無事であることだけで、心に神をいのるだけだ

とあり、渋谷区にあった梨本宮邸に避難民が大勢収容されていた様子がうかがわれる。

公助は、自助、共助によりつつ、それで救いきれない部分を最低限カバーする形で行われた。

その公助では、軍隊の出動があった。九月二日に東京市および東京府五郡に戒厳令が施行され、四日には東京府全域と神奈川県に拡大された。陸軍は、治安はもとより、役所・配給所の警備、工兵隊や鉄道連隊による道路上残骸や瓦礫の撤去、橋梁の応急修理、線路の復旧、危険物の爆破撤去など、ライフラインの復旧に尽力した。また、海軍は総計一〇五隻を投入して救援物資の輸送や六万人もの避難民の輸送に従事している。また、日本赤

十字が医療救護の主力となったほか、全国からの青年団、在郷軍人会といった集団によるボランティアが大きな力を発揮している。

朝鮮人虐殺

ところで、この戒厳令下、悲惨な事件も起こった。震災直後からさまざまな流言が飛び交ったが、二日朝には「不逞《ふてい》朝鮮人来襲」の流言が各所に伝えられている。警視庁にも伝えられ、警視庁によって全市にこの流言がまき散らされ、電報で各地方長官宛に打電されて全国に広まった。被災地には、ありもしない来襲に怯《おび》えて自警団が生まれ、多くの朝鮮人が虐殺された。戒厳令で出動した軍隊も、江東方面においては朝鮮人殺害を行っている。

さらに、亀戸《かめいど》署に引き立てられた南葛《なんかつ》（現在の江東区・墨田区）の労働運動活動家一〇名が九月五日未明に亀戸署中庭で習志野《ならしの》騎兵第一三連隊によって刺殺されるという事件がおきた（亀戸事件）。また、無政府主義者大杉栄《おおすぎさかえ》が内縁の妻伊藤野枝《いとうのえ》、六歳になる甥の橘《たちばな》宗一《むねかず》とともに、甘粕正彦《あまかすまさひこ》憲兵大尉によって東京憲兵隊本部で惨殺されている（甘粕事件）。

三日には、警察当局には「不逞朝鮮人来襲」がまったくのデマであることが判明していたが、その後も朝鮮人迫害は続き、終息したのは七日ころであったというが、当局は事件が問題にならないよう、さまざまな隠蔽《いんぺい》工作を行った。

この背景には、被災民の震災による不安と情報不足による疑心暗鬼、飢えと疲労と不安からくる神経過敏などが、朝鮮植民地支配や朝鮮人差別などに対する報復を恐れる心境を増幅させたものと思われる。しかし、その一方で警察や軍隊は、混乱のなかでの治安維持に利用したところもあり、混乱に乗じて社会主義者や無政府主義者弾圧を行ったのである。後日、事件が明るみに出ても、結局はいずれもその責任は十分には追及されず、曖昧《あいまい》なままにうやむやにされてしまった。なお、朝鮮人虐殺の犠牲者は様々な説があり判然としないが、東京だけで六〇〇〇人ほどが実数に近いと思われる。その他、若干の日本人と二〇〇人弱の中国人が犠牲になっている。

帝都復興院

さて、自助・共助で出来ることは限られている。緊急的対策は可能でも、復興となれば公的機関が中心にならなければ行えない。それも、東京市全体では、市域面積の四二％に相当する三三四二㌶が焼失したのであるから、震災復興としては世界最大規模の事業となった。

二日夜に第二次山本権兵衛《やまもとごんべえ》内閣が成立すると、この復興を担う審議機関として、総理大臣を総裁とする「帝都復興審議会」が置かれた。また、その執行機関として内務省が直轄する「帝都復興院」が設置された。帝都復興院の総裁には内務大臣となった後藤新平《ごとうしんぺい》が就任した。

復興は、①都市基盤や公共施設の整備を図る都市復興、②住まいや暮らしの確保を図る住宅復興、③経済や産業の回復を図る経済復興などに大別されるが、被害が甚大であった東京市と横浜市の①都市復興については、後藤新平が中心となった帝都復興院が「帝都復興計画」を策定して復興の重責を担った。②③については、府県が中心となって行っている。

後藤新平は、(1)遷都《せんと》を否定する、(2)復興費に三〇億円をかける、(3)欧米の最新の都市計画を適用する、(4)都市計画実施のために地主に断固たる態度をとる、の四つの基本方針を掲げて、「復旧」(旧状のままで再建)ではなく「復興」(抜本的な都市改造)をめざした。しかし、五〇億円の「焼土全部買上案」とよばれる大胆な構想などで、「後藤の大風呂敷」と揶揄《やゆ》されて、第一次世界戦後の不景気という財政状況を背景に、復興審議会のなかでその内容が大幅に修正され、多くが骨抜きとなった。予算案は七億二〇〇〇万円規模から、さらに五億七〇〇〇万円ほどに圧縮されてしまう。そこでは、復興事業の範囲から非被災地を外す、京浜運河や東京築港などの計画は除く、幹線道路の幅員を大幅に削減するなど、大幅に縮小変更された。それでも、当時の一般会計予算(約一五億円)の三八%に相当する巨額であった。現在の日本に置き換えると、三五兆円ほどであろうか。

復興都市計画の成果

しかし、計画の大幅な縮小にもかかわらず、帝都復興計画に基づく事業は大きな成果を上げた。

第一に、焼失区域の約九割に相当する三一一九ヘクタールの区域で土地区画整理事業が実施され、街路や公園が整備された近代的な街並みが造られた。たとえば、第一二地区（日本橋浜町）では、新たに清洲橋《きよすばし》通りが新設され、区画道路も一新された。また、浜町公園が旧細川邸・毛利邸の敷地を包含《ほうがん》して新設された。

第二に、幹線道路が一七四路線二六〇キロにわたって整備され、今日の東京の骨格をなす道路網が形成された。また、復興事業の関連事業で、同時期に東京発の環状道路が整備された。これが明治通りである。この明治通り（環状線）、大正通り（東西の幹線）、昭和通り（南北の幹線）という三本の路線が、東京道路網の骨格として新設されたのである。また、復興事業によって、近代街路の設計思想が日本で確立した。たとえば、昭和通りなどの幹線道路の多くはグリーンベルトをともなったもので、都市景観面からも都市防災面からも評価されるものであったが、戦後は車道になってしまった。

第三に、大小の公園が多数整備された。東京では、隅田公園（日本初のリバーサイドパーク）、浜町公園、錦糸《きんし》公園の三大公園が新設され、横浜では山下公園、野毛山《のげやま》公園などの大公園が整備されている。さらに小学校に隣接する形で五二の復興小公園が新設された。

ほかにも、清澄《きよすみ》庭園や旧安田庭園など大規模な公園が新設されている。こうした公園は、市民の健康や行楽といった目的だけでなく、震災の教訓として、防火帯や避難地としての活用を企図してのことであるが、日常と非常を重ね合わせた着眼は、高く評価できるとされている。なお、復興公園（三大公園と五二の小公園）の建設の規模と進度は、アメリカ視察団の専門家も驚き、称賛したという。

第四に、近代的な公共施設やインフラが整備された。鉄筋コンクリート造りの小学校や鉄製の橋梁《きょうりょう》がモダンなデザインで建設されたことはその代表例である。首都における橋梁は一国家を代表するシンボル性の高い都市施設であるとされ、復興事業では、都市の美観・景観を創造すべく、デザイン面での配慮、景観設計を重視して、その設計・意匠に力が注がれた。隅田川に架橋された六大橋のうち、今なお永代橋や言問《こととい》橋などに、復興の息《い》吹《ぶき》を感じることができる。さらには、市民の生活に密着した中央卸売市場、ゴミ処理場、浄水場などの公的な施設の整備も図られた。

こうした復興の成果の反面、縮小されたために実現しなかった復興の問題点も少なくない。第一に、非焼失区域（山手線内側）のインフラ整備が行われず、バラック住宅の不法状態の解消を図るための代替《だいたい》住宅の供給が不十分であったことや、規制が不十分で住宅の不法状態の既得権化を許したことが、危険なスラムの温存と再生につながり、今日まで悪戦苦闘する結果となったこと。第二に、都市に潤《うるお》いを与える質の高い都市インフラは、一部を除いて実現しなかったこと。第三に、無秩序に郊外へ拡張した脆弱《ぜいじゃく》な市街地の形成である。震災を契機に多数の人々が郊外に移住したが、その人々を受け入れるための基盤整備が後手に回り、公共空間の少ない危険な密集市街地や不良住宅地を被災地周辺部に生みだすことにつながった。

同潤会

約三七万棟の住宅が失われたなかで、疎開により他地域に移り住むものも少なくなかったが、大半は被災地内で住宅再建を試みた。この被災地での応急的な住宅支援として、公設のバラック住宅の建設や住宅再建資金の融資、応急修理のための資材提供などが行われたが、それだけでは不十分で、結果的に被災者が自力で建設したバラックが大量に出現した。このバラック住宅の解消と恒久住宅の確保のために、政府と自治体は震災義捐金を用いて公的な小住宅の建設を図っている。この小住宅は、同潤《どうじゅん》会《かい》が建設した簡易住宅を含めて、約五〇〇〇戸建設された。

震災翌年の一九二四年に帝都復興のために国内・国外から寄せられた義援金をもとに、復興事業の住宅政策の担い手として「同潤会」が設立された。内務省社会局が監督する財団法人であった。同潤会は、わが国初の公共住宅供給機関で、簡易住宅を約二〇〇〇戸、郊外住宅を約三七〇〇戸、鉄筋アパートメント約二五〇〇戸ほか、合計一万二〇〇〇戸を建設して、震災後の住宅の近代化をリードすることとなり、戦後の日本住宅公団の先駆けとなった。

住宅建設には以下の四種類があり、東京や横浜で建設された。①不良住宅地域の全面買収と衛生的アパート群への建て替え、②非被災地である郊外に勤労者向け戸建て住宅の建設経営、③東京の中産階級向けの都心型アパート群建設経営、④職業婦人のためのアパート建設経営である。また、住宅経営・政策の調査研究も行われた。この同潤会の簡易住宅団地には、授産施設や託児施設が併設され、被災者の生活支援が図られている。なお、平成一六年（二〇〇四）に、青山アパート、江戸川アパート、清砂《きよすな》アパート、大塚女子アパートが取り壊され、現存する最後の上野アパートもマンションに建て替えるため、二〇一三年五月には解体されることになっている。

社会施設の整備は、震災後の復旧や復興の重要な柱となった。震災前から、社会的不安やスラム問題などの解消のために、社会的事業の強化が図られていたが、震災後はより一層積極的に推進された。震災後、仮設住宅団地や不良住宅地区に、隣保館《りんぽかん》（スラムや同和地区などにおいて、専門知識を持つ者が常駐して、地域住人に適切な援助を行う社会福祉施設）、簡易浴場、託児所、職業紹介所、簡易食堂、授産場（就労困難者や浮浪者等に一定の職を与える施設）、公設市場などが多数建設された。公的な小住宅団地でも同潤会と同様に、社会施設が一体的に建設され、生活面での細やかなサポートが、市民レベルにおける速やかな復興を促したとみられる。

経済復興

ところで、関東大震災では、当時のGNP（国民総生産）推定値の三五％にあたる五二億円強の経済被害を被ったとされる。当時の一般会計予算の三・四倍にもなる。それに加えて、多額の復興資金の投資も必要とされた。第一次世界大戦後の不況のなかでは、回復不可能なほどの経済的ダメージを受けたといえる。

一方、被災民調査の結果、東京市の失業者は全体でほぼ一四万人余りであると推定されており、こうした震災被災者の生活を支援するため、大正一二年（一九二三）九月に、同年度分の租税の免除・軽減（対象は所得税と営業税）や、租税の徴収猶予（対象は地租、所得税、営業税、相続税）を定めた緊急勅令が公布されている。こうした国内経済の停滞や租税の減免・徴税猶予等の措置を背景として歳入が低迷する一方、震災復興に関連した経費が巨額に上ったことから、わが国の財政状況は急速に悪化した。政府は、復興対策のための財源不足分は国債で賄うことにして、約五億五〇〇〇万円の外債を発行した。しかし、当時の日本は日露戦争時の外債の償還期限も迎えていたため、欧米諸国に国債を販売することで調達した資金について、全額を震災復興に回すことは出来ないという状況にあった。

また、金融面では、大正一二年九月七日に勅令を交付して、被災銀行を巡る取付け騒ぎの発生を回避するため、被災地一帯の金銭債務については三〇日間支払いを延期する（ただし、給与賃金関係や一日一〇〇円以下の預金支払いは除く）支払い猶予（モラトリアム）が実施された。東京では銀行の本店一三八行のうち一二一行が焼失したが、これによって一七、八日ころまでにはほとんどの銀行が開店した。ついで、被災企業が振り出した手形が決済不能となる問題を回避するため、同二七日に「震災手形割引損失補償令」を公布し、震災のため決済不能または困難に陥った手形を日銀が再割引するという枠組みを実施した。この震災手形の通計は四億三〇〇〇万円に上った。しかし、日銀による震災手形の再割引の結果、震災以前から放漫経営に陥っていた企業の不良債権も大量に紛れ込み、不良企業の淘汰《とうた》が先送りされることとなった。そして、そのことは、企業に資金を提供していた銀行の側からみれば、不良債権問題の深刻化を意味していた。それは後日、昭和金融恐慌（一九二七年）として顕在化することになる。

さて、経済的・金融的には厳しい状況にあったが、震災の四年後には生産額が震災前に回復しており、一応の復興は予想以上に早く達成された。その早期の回復は、被災者の救済や雇用の回復、金融秩序の維持にもつながった。

回復が早かった理由としては、①政府が都市復興よりも経済復興や社会政策を重視する道を選んだこと、②国庫に蓄積されていた剰余金をフルに活用したこと、③可能なかぎりの資金援助と金融面での優遇措置（たとえば、「支払い猶予令」や不動産を担保としての金融援助、「小商工復旧復興資金」「大工業救済資金」といった資金提供）を講じたこと、④当時の生産システムが単純で修復が簡単にできたこと、⑤震災を契機とした産業構造や工業立地の転換がスムースに行われたこと、⑥産業のリスク分散による非被災地からバックアップが容易であったこと、の六点が指摘されている。

横浜市の復興

横浜市の被害は甚大で、全世帯数の九五%が罹災し、震災前に五七二五あった工場も二六九三が焼失し、ほかの工場も形ばかり残存して操業出来ないものが多かった。道路や軌道の壊滅、車両の焼失等によって交通がマヒするとともに、横浜市にとって生命線ともいうべき横浜港も壊滅的被害をこうむった。

当時の横浜港は、全国貿易総額の四四%を占めるわが国最大の貿易港で、政府の「生糸一港主義」政策に基づいて、わが国輸出品の第一位で輸出総額の七〇~八〇%を占めていた生糸の輸出が横浜港に限定されていたため、貿易における打撃は大きかった。横浜港から生糸製品を輸出することが出来なくなったことで、生糸相場が大きく下落し、全国の蚕《さん》糸《し》業者や養蚕家にとっても大きな打撃となった。従って、横浜市の復興は都市復興とともに、横浜港の急速な修築と貿易の復興が大きな課題となった。

横浜市では、当局と財界が一致協力して横浜市復興会（一九二三~二六）を発足させ、さまざまな課題と施策を議論し実行していった。また、市民大会を開催して、京浜運河開設と鶴見川から新山下までの防波堤築造を求める決議を行い、政府首脳などに陳情活動を展開している。

一方、横浜市復興を契機に大横浜建設事業が立ち上げられ、隣接市町村の編入による市域拡大や横浜港に大防波堤築造、貯木場建設、貿易振興策、外国人招致の施策などが実施され、昭和四年（一九二九）に諸事業完成と一部着工を期して、野毛山公園で復興祝賀式が挙行された。また、昭和一〇年には、震災の瓦礫を埋め立てて造成された山下公園を会場に、復興記念横浜大博覧会が開催されている。

近代の災害からの復興

近代にはいって、それ以前には例をみないような巨大地震や津波、震災が襲った。被災者の自助努力による復旧という面があったこと、租税の減免や徴税猶予等の措置がなされたことなど、前近代と類似した面もあるが、大きく異なったのは災害の状況が被災地のみに止まらず、写真報道によって全国に伝わったことであろう。

被災直後からの復旧には、江戸時代以来の施しの慣習が、お互いを助け合う共助の形で、被災者の自助努力を支援したが、その共助はボランティアとして、全国的規模で行われたのである。江戸時代にもお手伝い普請のように、他藩の協力がえられたこともあったが、明治以降には日本赤十字をはじめ、宗教関係、青年団、在郷軍人会といった集団などによって、全国的かつ組織的にボランティア活動が行われたところに大きな違いがある。とくに、「関西府県連合震災救護事務所」のように他府県が協力して被災地支援を行うなどは、近代国家ならではの活動であろう。

また、外国人からの義援金や軍隊による救済復旧活動なども前近代にはなかったことである。軍隊によるライフラインの復旧に救援物資の輸送、避難民の輸送などは組織立って行われるだけに大きな力を発揮した。現代では自衛隊がそうした役割を継承して復旧活動に活躍している。

復旧がとりあえずの被災からの脱却であるとすれば、復興には、皇室からの下賜金があり、政府から復興費が支給されることで、大がかりにより組織的に実施されていった。自治体は復興資金や義援金に基づいて復興を進めたが、必ずしも資金が十分であったわけではない。しかし、被災民を雇用して現金収入をえさせることで生活復旧が進んだし、復興景気も生まれた。

また、自治体が中心となって被災民の生業の復旧がなされ、徐々に生活基盤も回復していったが、居住地を移転して復興しなければならなかった場合もあった。

被災民の生活が回復するには、壊滅した町や村を復興しなければならない。しかし、それは自助・共助の範囲を超える問題であり、政府が推進することになる。「帝都復興院」はそうした復興事業を象徴しているが、その計画は大幅に縮小された。その点、江戸幕府が大火後の江戸のまちをつくり直したような封建時代とは異なるところである。しかし、それにもかかわらず、帝都復興計画に基づく事業は大きな成果を上げた。戦災がなければ、その果実をより豊かなものに出来たかもしれない。

また、復興事業とは別ではあるが、同時期にわが国初の公共住宅供給機関である「同潤会」が設立され、被災民などに住宅が供給されるとともに、実験的住宅政策が推進されたことは、近代的災害復興の一部として評価できよう。濃尾地震のあとに震災予防調査会が設置されたことも、復興そのものではないにしても、実験的に防災を究明していこうとする近代的な試みであり、耐震建造物の研究などは、広い意味での復興の一環であった。

復興の問題点

一方、大震災における復興では規模が縮小されたにもかかわらず一定の成果をあげた反面、縮小されたために実現しなかった復興の問題点も少なくなかった。震災以前のスラムが温存されたことや、郊外に無秩序な都市化が拡大したこと、バラック住宅や不法な住宅が既成事実化したことなどである。これらは、今日に至るまで問題として残存するものもあり、豊富な資金で完全な復興が出来ていれば、今日まで恩恵を与えるような都市復興が出来ていたに違いない。

しかし、災害からの復興には膨大な資金が必要であり、いつの時代でも思うように完全な復興は果たせないのである。財政の許す範囲で、可能な限りの復興を行うしかないのである。

復興の問題は、住宅や都市の復興ばかりではない。経済や金融の回復も重要であった。前近代においては物価の上昇などの問題であったが、近代以降はより経済が複雑化した分、モラトリアムや震災手形などさまざまな手を打つ必要があった。

このように、近代における災害からの復旧復興は、前近代にも行われてきたことが、より近代的・合理的に行われた面と、近代ならではの新しい復興の側面をみることができる。また、複雑な経済・金融システムのなかで、膨大な資金を必要とする災害復興には、現代にも通じる復興のあり方を垣間見ることもできよう。

一方、被災地から他方に移住せざるをえない場合があったり、家系の復興を行ったり、前近代と大差ない復興の一面も認められる。長い災害との闘いの歴史から学んだ復興のプロセスは、近代的、合理的に継承された側面と、大きな変化もなく継承された面があった。

近代における復興は政府主導のもとに、防災をも念頭に置いたより近代的な都市づくりが行われたが、江戸の大火後も幕府が同様の復興を行った例がある。震災後の復興院による復興は、その点で江戸時代の災害復興をより近代的に推進したともいえるが、幕府権力ほどに独裁的ではなかった当時の政府は、強制的に区画整理して都市復興を行うには至らなかった。その点だけを捉えれば、災害からの復興は近代化が必ずしも有意義であったとはいえないかもしれない。

阪神・淡路大震災

最後に、現代の災害である阪神・淡路大震災をとりあげる。この震災からは、対策・予防を含む多くの研究成果が発表されたが、その実態を分析することは、三・一一大震災からの復興にも大きく役立てることができるだろう。

被害状況

阪神・淡路大震災（兵庫県南部地震）は、平成七年（一九九五）正月一七日午前五時四六分に起こった。マグニチュードは七・三。淡路西部より南北九《キロ》にわたって走る野島断層《のじまだんそう》が最大で縦約一・三《メートル》、横約一・七《メートル》と大きくズレた。神戸市須磨《すま》区から中央区、芦屋《あしや》、西宮《にしのみや》にかけて細長く連なる地域と、宝塚市、淡路市津名《つな》の一部が震度七を記録した。この帯状のエリアは「震災の帯」とよばれた。

犠牲者は六四三四人（このなかには、震災後にさまざまな形で追い詰められて自殺したなどの、いわゆる「関連死」も含む)。このうち即死状態だった人は約六〇%にのぼり、死者の多くは「震災の帯」に集中している。建物の被害は、全壊一〇万四九〇六棟、半壊一四万四二七四棟、一部損壊は約三九万棟で、大半は木造住宅であった。コンクリート、鉄骨系建物では、四六九〇棟が被害を受け、このうち倒壊・大破は一〇〇〇棟を超える。さらに、「震災の帯」を中心に火災が発生し、七〇三六棟を全焼した。焼失面積は約八三万五〇〇〇平方《メートル》におよぶ。

電気・水道・ガスといったライフラインの破壊はもとより、道路、鉄道にも大きな被害が出た。「日本の高速道路は倒壊しない」という「安全神話」に反して、阪神高速道路三号神戸線の高架橋が倒壊し、各所で橋脚《きょうきゃく》破損や橋桁《はしげた》が落下した。鉄道では、山陽新幹線の高架橋も倒壊したのをはじめ、私鉄の駅舎なども倒壊した。各路線が不通となり、ポートアイランド、六甲アイランドは「孤島」と化した。神戸港の被害も大きく、海の物流が止まった。また、産業被害も大きく、地場産業は壊滅的な被害を蒙った。兵庫県内の直接的な震災被害の総額は約一〇兆円といわれる。

三・一一大震災が発生するまでは大地震では戦後最大の死者を記録したが、関東大震災の約一六分の一ですんだ。これは被災地域がより狭かったこと、津波被害がなかったことに加えて、建築物の不燃化が進んでいたこと、住宅の耐震性が高くなったことも大きな要

図11　倒壊した阪神高速道路

因である。また、発生時刻が冬季早朝であったため、交通機関・道路の利用者が少なく、外出者も少なかったこと、火の使用も少なかったこと、風が穏やかで、延焼が最小限に抑えられたことなどが幸いした。

復　旧　この震災によって、被災直後の避難所は約一〇〇〇ヵ所、最大三一万人が避難生活を余儀無くされた。震災翌日から救援のボランティアが続々と被災地入りし、その総計は一〇〇万人ともいわれ、「ボランティア元年」と称された。外国からも多くの救済ボランティアが入り、国際化した時代を反映している。また、市民活動団体、ボランティア団体等で法人格の必要性がクローズアップされ、わが国でNPO（特定非営利活動法人）が成立したのも、この震災を契機としている。

兵庫県は住宅政策として仮設住宅の建設、公営住宅への優先的入居、そして復興住宅の建設を行った。仮設住宅は計四万八三〇〇戸が建設され、災害復興公営住宅は三万八六〇〇戸、総計で一二万五〇〇〇戸を供給した。しかし、居住地域とは関係のない仮設住宅での暮らしは、「孤独死」をはじめ、さまざまな問題をも生んだ。

瓦礫の総量は一四二九万八〇〇〇トンにのぼり、被災自治体だけでは処理が不可能であったので、周辺自治体に委託処理を要請し、その処理には一七〇〇億円を費やして三年余りを要した。

ライフラインの復旧は、電気が二三日に、電話が三一日に復旧したが、ガス・水道・下水道は四月に入ってからの復旧であった。鉄道は二月二〇日には、さまざまな交通機関を乗り継ぐ形で往来が可能となったが、JRの全面開通は四月、私鉄は六月に復旧を終えた。道路の復旧は倒壊高速道路の撤去再建、損壊橋脚等の修復、一般道路の修復が行われたが、翌年九月には阪神高速道路三号神戸線が開通している。神戸港はおよそ二年ほどでハード面の復旧は完了したが、物流ルートは激変して、何年もの間、以前同様の流通規模は戻ってこなかった。しかし、総じて復旧はかなり早いペースで進んだといえる。

では経済復興はどうであったか。神戸経済もバブル崩壊（一九九一年）後の不況に苦しんでいた。著名な大企業の立ち直りは比較的早かったが、地場産業の復興は厳しかった。小売業では一年半後に約八〇％が営業を再開したが、残りは廃業か再開未定となった。自力復興が可能な大企業と、それが難しい中小企業の間で明確な差異があったのである。このことは復興支援のあり方に課題を投げかけた。

復興

住居復興では、仮設・復興住宅と自主再建という二つのルートをたどった。区画整理による再開発構想では、住民との折衝がないとの批判から、計画はしばしば中断した。それでも、多くの専門家や研究者が参加して協議を重ね、少しずつではあるが事業計画は進展した。被災一〇年後には一八地区のうち、比較的小規模な一三地区が事業を終了したが、大規模エリアの五地区は八割の状況であった。また、集合住宅の問題も複雑で、建て替えか補修かをめぐって、住民の合意形成が難航した。再建は遅れたが、被災一〇年で約六割が再建済み、もしくはその途上にあった。住居の復興では、前近代とは異なり、個人の所有関係が複雑に絡み、個人の権利を尊重する形での復興が求められたこともあって、比較的長期間を要したものである。

この復興には批判もあった。およそ一〇兆円といわれる直接被害に対して、約一六兆三〇〇〇億円が投じられたというが、生活再建に二五％、インフラ等の復旧、防災対策に六八%、経済復興に六%ほどが使われたとされる。こうしたことから、「開発復興」に重点が置かれ、「生活復興」がなおざりにされたのではないかとの批判がある。「生存権」がクローズアップされ、直接、被災者の立ち直りを支援する、いわゆる「人間復興」が求められたのである。外国からは都市復興の速さ、復興への巨額の集中投下といったことに驚きの声があがったといわれるが、ヨーロッパでは、まちの復興も重要だが、暮らしの復興を優先させるのだという。この点で、日本における震災復興は表向きの復興ではないかとの危惧《きぐ》が生まれる。結局のところ、前近代と大差なく、被災者の生活は自力復興に委ねられた面があったのではなかろうか。その他、高齢化の進展や、都市内の地域間格差、コミュニティーの脆弱性などの問題が表面化し、復興格差を生じたとされる。

とはいえ、自治体をはじめＮＰＯなどの積極的な活動によって、「創造的復興」が推進されてきたのも事実であり、さまざまな課題のなか、一定の成果を上げてきた。しかし、震災から一七年がたち、町並みはきれいになったが、かえって被災者の心の傷はみえにくくなったともいわれている。

なお、総理府（現内閣府）は平成一二年、震災五年目に総括を行い、復興一〇年目には兵庫県や神戸市などが総括と検証を行っている。

「人間復興」をめざして――エピローグ

大災害が襲うたびに、人々はあっけなく死んでいった。その悲惨さ、凄愴《せいそう》さはなかなか筆舌に尽くせるものではないが、いくぶんかでもその様相が伝われば幸いである。そして、その悲惨さを乗り越えて復興してきた先人の努力が、今日の我々の社会をつくっているのだということを改めて確認したい。

巨大災害だけに絞っても、本書で取り上げた災害はその一部に過ぎない。それほど、日本の歴史上には多くの災害が起こっており、人々は災害とともに歩んできたといっても過言ではない。とくに、前近代においては大きな災害が連続して襲うことも珍しくはなく、まずは生き残ることが必要であり、復興はその結果としてあるものであった。

時代とともに為政者による復興は組織的になってくるが、多くは被災者の立場を考慮したものではなかった。従って、被災者は自力復興を強いられたといってもよい。しかし、そこには村落共同体なり、現代よりも遙《はる》かに強固な地縁的結びつきがあり、共助による復興が介在したのである。それは近代以降においてはボランティアという形でみられるであろう。

いくつかの巨大災害を通して、どのように災害から復興してきたのかを述べてきたが、資料の制約もあり、被災者の立場からの復興については、ほとんど述べることが出来なかった。わずかに、復興が容易ではなかったであろうことから、被災者の立場を推測するしかない。

阪神・淡路大震災では、被災者の立場に立って、被災者の生活を立て直す、生活・生業・コミュニティー重視の「人間復興」が求められたが、恐らくそれは、前近代においても被災者の願いであったに違いない。しかし、人権が尊重される現代においてすら、都市復興を優先せざるをえないのが現状である。それでも、政府や自治体が被災者の復興を無視していたわけではない。住宅や生活の復興に、さまざまな制度や特例が設けられ、高齢化やコミュニティーの問題に対して手を尽くしてもいる。その点で、前近代の災害復興とは大きく異なるのである。

一昨年の三・一一大震災からの復興は、原発事故もあって、未だ復旧すら途上であるといってよい。瓦礫の処理は、放射能汚染の問題もあってか、約七割にとどまっており、避難所は閉鎖されたが、仮設住宅での生活を強いられている。昨年は「復興元年」という言葉も聞かれたが、都市復興とともに、失業者推計一二万人といわれる被災者の立場に立った「人間復興」を早期に実現してもらいたいものである。

原発事故が未だ収束していない現状で、放射能汚染という難しい要素はあるものの、直近の阪神・淡路大震災からの復興の教訓はもとより、もっとも様相の近い三陸大津波からの復興、あるいはそれ以前の大災害からの復興にも学ぶべき点は少なくないと思われる。過去の災害と復興から学べることを、ぜひともこのたびの復興に生かしてもらいたいものである。

三・一一大震災からの復興には多くの時間と膨大な資金が必要であろうが、今後もさらなる大災害が襲ってこないとも限らない。東海や南海地震、富士山噴火などはそう遠くない将来に起こりうる災害である。そうした将来の大災害に備えることはもちろんであるが、過去の歴史を見直し、学ぶべきところは学ぶ必要もあるのではなかろうか。本書がその一助になれば幸いである。

あとがき

阪神・淡路大震災が起こった一九九五年は、たまたま大学で災害史を講義していた。関西では長らく大きな地震が起こっておらず、よそ事のように講義していたと思う。そこに起こった大震災の衝撃は大きく、大きな揺れの恐怖感を記憶しているし、いまでも阪神高速道路の倒壊のテレビ映像は目に焼き付いている。私の場合、幸いにして被災者という立場になるほど大きな被害を蒙《こうむ》ったわけではないが、それでも一七年たっても忘れられないのであるから、被災者の方の苦しみは、いまでも心に刻みこまれて続いているに違いない。たしかに神戸は外観上も経済上も復興したと思えるのだが、大災害の爪痕《つめあと》は人々の心に残っているのであろう。

一方、三・一一東日本大震災からようやく二年が立とうとしている。まだ二年にしかならないと言った方がいいのであろうか。津波が怒濤《どとう》のごとく押し寄せる映像、大きな船がビルの上に乗っかった映像など、その災害の大きさを物語る映像は今でも鮮明に思い出される。この未曽有の大災害に遭われた被災者の方々は、多くの支援にも支えられて、日々を生きるため懸命の努力をされてきたことと思う。しかし、いまだに行方不明者の捜索も続いており、被災者の心の傷はいまだに生々しく、つらい思いを払拭《ふっしょく》出来ずに過ごされている方も多いことであろう。

最近ではボランティアも少なくなったと聞くが、息の長い支援が必要であろう。その一方で、「復興資金」が復興関連以外にも費消されているとの報道もあり、これなどは関東大震災で予算案が骨抜きにされたように、被災地復興のための資金が骨抜きにされているような気分である。テレビ映像にはまだまだ荒廃した被災地の姿が映し出されており、本当の復興はこれからなのだと感じられる。

過去の大災害がいかに悲惨であったかは再三述べてきたところであるが、被災者は絶望と悲歎を乗り越えて、長い年月をかけて生活を立て直し復興してきた。時代が古くなればなるほど、被災者の意に添わぬ復興も少なくなかったであろうが、それでも不死鳥のように蘇《よみがえ》ってきたのである。このたびの大震災からも間違いなく復興を果たすであろうが、現代の復興は被災者優先であってほしいものである。そして復興に必要なその長い時間は被災者だけのものではなく、被災者以外の我々もともに共有していかなければならない問題なのである。

ところで、過去の事例からも明らかなように、災害からの復興には時間と金がかかる。そこで、近年では大災害を未然に防ぐ「防災」の研究が進展している。それでも不幸にして大災害に見舞われることがあったとしても、復興を信じて生き抜くだけの力強さが持てれば幸いである。

なお、執筆にあたっては多くの文献やホームページを参照させていただいた。その主要なものは巻末に掲載している。また、本文で触れた災害を年表として掲載し、災害の前後関係が把握できるようにした。あわせて参照いただければ理解の一助となると思う。

二〇一二年一〇月

安田政彦

参考文献

荒川秀俊『飢饉』（教育社歴史新書、一九九三年）
荒川秀俊『災害の歴史』（至文堂、一九九五年）
荒川秀俊・宇佐美龍夫『日本史小百科　災害』（近藤出版社、一九八五年）
池谷　浩『火山災害』（中公新書、二〇〇三年）
伊藤和明『日本の津波災害』（岩波ジュニア新書、二〇一一年）
今井清一『日本の歴史二三　大正デモクラシー』（中公文庫、一九七四年）
大石慎三郎『天明三年浅間大噴火』（角川選書一七四、一九八六）
大阪府史編修専門委員会『大阪府史』第七巻近世編Ⅲ（大阪府、一九九二年）
小田部雄次『梨本宮伊都子妃の日記』（小学館、一九九一年）
朧谷　寿『藤原道長』（ミネルヴァ書房、二〇〇七年）
賀川隆行『日本の歴史一四　崩れゆく鎖国』（集英社、一九九二年）
香川正俊「関東大震災復興期から日中戦争期における横浜港の港湾行政」（熊本学園大学経済論集一七（1/2）、二〇一一年三月）
姜　徳相『関東大震災』（中公新書、一九九四年）
菊池勇夫『飢饉』（集英社新書、二〇〇〇年）

北原糸子編『日本災害史』（吉川弘文館、二〇一一年）
北島正元『日本の歴史一八　幕藩制の苦悶』（中公文庫、一九七四年）
黒木　喬『江戸の火事』（同成社、一九九九年）
児玉幸多『日本の歴史一六　元禄時代』（中公文庫、一九七四年）
佐藤大介「天保飢饉からの復興と藩官僚―仙台藩士荒井東吾「民間盛衰記」の分析から―」（『東北アジア研究』一四、二〇一〇年二月）
寒川　旭『秀吉を襲った大地震』（平凡社、二〇一〇年）
清水克行『大飢饉、室町社会を襲う！』（吉川弘文館、二〇〇八年）
下重清執筆「宝永四年（一七〇七）富士山噴火」（内閣府広報『ぼうさい』三七、二〇〇七年一月）
新修大阪市史編纂委員会『新修　大阪市史』第四巻（大阪市、一九九〇年）
竹内誠『体系　日本の歴史一〇　江戸と大坂』（小学館、一九八九年）
武村雅之「一九二三（大正一二）年関東大震災」（内閣府広報『ぼうさい』三九、二〇〇七年五月）
田中貢太郎・高山辰三『日本大震災史』（有明書房、一九九三年）
東京市役所『東京市史稿』変災篇第一（臨川書店、一九七四年）
東京市役所『東京市史稿』変災篇第五（臨川書店、一九七六年）
外川　淳『天災と復興の日本史』（東洋経済新報社、二〇一一年）
永原慶二『富士山宝永大爆発』（集英社新書、二〇〇二年）
中村　操「安政二年（一八五五）江戸地震」（内閣府広報『ぼうさい』三三、二〇〇六年五月）

奈良本辰也『日本の歴史一七　町人の実力』（中公文庫、一九七四年）
野口武彦『安政江戸地震』（ちくま学芸文庫、二〇〇四年）
能登健・峰岸純夫編『よみがえる中世　五―浅間嶺山灰と中世の東国―』（平凡社、一九八九年）
萩原尊礼編『古地震―歴史資料から活断層をさぐる―』（東京大学出版会、一九八二年）
長谷川成一「明暦三年（一六五七）江戸大火と現代的教訓」（内閣府広報『ぼうさい』二六、二〇〇四年三月）
藤岡謙二郎編『古代日本の交通路　Ⅰ』（大明堂、一九七九年）
藤吉洋一郎監修『二〇世紀日本大災害の記録』（NHK出版、二〇〇二年）
埋文関係救援連絡会議、埋蔵文化財研究会『発掘された地震痕跡』（一九九六年）
松浦律子「善光寺地震」1・2（内閣府広報『ぼうさい』四五・四六、二〇〇八年五月・七月）
峰岸純夫『中世災害・戦乱の社会史』（吉川弘文館、二〇〇一年）
村井康彦編『図説　平安京』（淡交社、一九九四年）
安田政彦「『続日本紀』にみえる地震記事」（『続日本紀研究』第三〇〇号記念号、一九九六年四月）
安田政彦「『日本後紀』災害記事に関する若干の考察」（『ヒストリア』第一七四号、二〇〇一年四月）
安田政彦「『続日本後紀』の災害記事」（『続日本紀の諸相』所収、塙書房、二〇〇四年）
安田政彦「『文徳実録』における災害記事」（『帝塚山学院大学研究論集』第四六集、二〇一一年一二月）
安田政彦『平安京のニオイ』〈歴史文化ライブラリー〉吉川弘文館、二〇〇七年）

矢田俊文『中世の巨大地震』（吉川弘文館、二〇〇九年）
山岡耕春「一八九一（明治二四）年濃尾地震」（内閣府広報『ぼうさい』三六、二〇〇六年一一月）
山本純美『江戸・東京の地震と火事』（河出書房新社、一九九五年）
渡辺尚志『浅間山大噴火』（吉川弘文館、二〇〇三年）
吉村　昭『三陸海岸大津波』（文春文庫、二〇〇四年）
吉村　昭『関東大震災』（文春文庫、一九八五年）

参考資料

飯田汲事『天正大地震誌』（名古屋大学出版会、一九八七年）
井上光貞監訳『日本書紀　下』（中央公論社、一九八八年）
小鹿島果『日本災異史』（地人書館、一九六七年）
神田秀夫、他校訂・訳『日本の古典をよむ一四　方丈記・徒然草・歎異抄』（小学館、二〇〇七年）
国立天文台編『平成二三年　第八四冊　理科年表』（丸善出版事業部、二〇一〇年）
震災予防調査会編『大日本地震史料　甲巻』（思文閣、一九七三年）
直木孝次郎　他訳注『続日本紀』（平凡社東洋文庫、一九八八年）
『日本随筆大成』第三期六巻（吉川弘文館、一九九五年）

参考ＨＰ

Economics Lovers Live Z ［経済］ 復興の経済学―関東大震災の経済学者たち―
http://d.hatena.ne.jp/tanakahidetomi/20110316
近藤純正「Ｍ46: 富士宝永噴火と災害復旧」（近藤純正氏ＨＰ、二〇〇九年一〇月）
http://www.asahi-net.or.jp/~rk7j-kndu/kisho/kisho46.html
災害資料・濃尾大震災（岐阜県ＨＰ防災お役立ち情報、二〇一一年一二月現在）
http://www.pref.gifu.lg.jp/bosai-bohan/bosai/bosai-oyakudachi-joho/saigai-siryo/noubi.html
総理府阪神・淡路復興対策本部事務局「阪神・淡路大震災復興誌」（二〇〇〇年二月）
http://www.bousai.go.jp/4fukkyu_fukkou/hanshin_awaji.html
平成二三年（二〇一一年）東北地方太平洋沖地震の被害状況と警察措置
http://www.npa.go.jp/archive/keibi/biki/index.html
中央防災会議『災害教訓の継承に関する専門調査会報告書 一九二三関東大震災』（二〇〇六年七月）
http://www.bousai.go.jp/jishin/chubou/kyoukun/rep/1923-kantoDAISHINSAI/index.html
野尻武敏「復興総括―復興全体の総括」（兵庫県復興一〇年総括検証・提言データベース、二〇〇六年九月）
http://web.pref.hyogo.jp/wd33/wd33_000000126.html
深澤映司「関東大震災発生後における政策的対応―財政・金融面の措置と日本経済への中長期的影響―」（財政金融調査室『調査と情報』七〇九、二〇一一年四月）

http://www.ndl.go.jp/jp/data/publication/issue/pdf/0709.pdf
毎日新聞岐阜支局長・石塚孝志執筆「毎日.jp・起承転々：濃尾震災一二〇年／岐阜」
http://mainichi.jp/area/gifu/tenten/news/20111101ddlk21070100000c.html
『宮城県海嘯誌』
http://kindai.ndl.go.jp/info:ndljp/pid/993622/1

本書に記載した災害一覧

時代	元号	西暦	地震・津波	風水害	旱魃・飢饉・疫病	噴火	火災
奈良以前	天武五	六七五			大旱		
	天武七	六七八	大地震				
	天武一三	六八四	白鳳南海大地震				
奈良	天平六	七三四	大地震				
	天平七	七三五			疫病		
	天平九	七三七			疫病		
	天平一七	七四五	美濃国大地震				
	天平勝宝五	七五三		摂津国風水害			
	宝亀六	七七五		伊勢尾張国風水害			
平安	延暦一九	八〇〇				富士山噴火	
	大同元	八〇六		(詔)水害			
	大同三	八〇八			(勅)疫病		
	弘仁五	八一四			(勅)旱魃		
	弘仁九	八一八			(詔)疫病(奏)旱魃		
	嘉祥元	八四八		洪水			
	仁寿三	八五三			疫病		
	貞観六	八六四			飢饉	富士山噴火	
	貞観一一	八六九	陸奥国大地震津波	肥後国大風雨			
	貞観一六	八七四		大風雨			

元慶二	八七八			(勅)旱魃・飢饉		
仁和三	八八七	南海大地震				
天慶元	九三八	大地震				
天慶七	九四四		大風暴雨			
天暦元	九四七		大風			
天徳四	九六〇					内裏焼亡
康保三	九六六		洪水			
永祚元	九八九		大風			
正暦五	九九四			疫病		
長徳元	九九五			疫病		
長徳四	九九八			疫病		
長保二	一〇〇〇			疫病		
長保三	一〇〇一			疫病		
寛弘五	一〇〇八		水害			
寛弘八	一〇一一					焼亡
長和四	一〇一五		大風			
長和五	一〇一六					焼亡
寛仁元	一〇一七		賀茂川氾濫			
万寿四	一〇二七					焼亡
長元七	一〇三四		大風			
永長元	一〇九六	東海大地震				
康和元	一〇九九	南海大地震				

平安	嘉承元	一一〇六			疫病		
	天仁元	一一〇八				浅間山大噴火	
	安元三	一一七七					大火
	治承四	一一八〇		旋風			
	養和元	一一八一			大飢饉		
鎌倉	文治元	一一八五	大地震				
	建仁元	一二〇一		大風			
	建仁二	一二〇二		大風			
	建保六	一二一八					焼亡
	安貞二	一二二八		京都風水害			
	寛喜二	一二三〇			大飢饉		
	建武二	一二三五		鎌倉大風			
	宝治元	一二四七					戦火
	建長元	一二四九					京都大火
	正嘉三	一二五九			疫病		
	永仁元	一二九三	大地震				
	延慶三	一三一〇					鎌倉大火
	正和四	一三一五					鎌倉大火
	文保元	一三一七	大地震				
	元亨三	一三二三					焼亡
室町	正平一五	一三六〇			疫病		
	正平一六	一三六一	南海大地震				

	正平二〇	一三六五			京都飢疫		
	応永二八	一四二一			大飢饉		
	永享八	一四三六					鎌倉大火
	永享一〇	一四三八			京都飢疫		
	寛正元	一四六〇			大飢饉		
	応仁元	一四六七					戦火
	明応七	一四九八	東海大地震				
	天文四	一五三五		美濃国大水			
	天文九	一五四〇		甲斐国大風			
	天文一三	一五四四		畿内大洪水			
	弘治三	一五五七		畿内大洪水			
	天正一三	一五八五	大地震				伊勢山田大火
	慶長元	一五九六	伏見大地震				
江戸	慶長九	一六〇四	地震				
	慶長一六	一六一一	会津地震				
	明暦三	一六五七					振袖火事
	寛文五	一六六五					大坂城天守焼亡
	天和三	一六八三					お七火事
	元禄一六	一七〇三	大地震				
	宝永四	一七〇七	大地震			富士山噴火	
	宝永五	一七〇八					どんと焼
	享保九	一七二四					妙知焼

江戸	享保一七	一七三二			大飢饉		
	明和九	一七七二					目黒行人坂大火
	天明三	一七八三				浅間山大噴火	
	天明三〜七	一七八三			大飢饉		
	天明六	一七八六		関東大洪水			
	天明八	一七八八					団栗焼
	寛政四	一七九二				雲仙普賢岳噴火	
	文化三	一八〇六					丙寅大火
	天保三〜七	一八三三			大飢饉		
	天保八	一八三七					大塩焼
	弘化四	一八四七	善光寺地震				
	安政元	一八五四	東海・南海地震				
	安政二	一八五五	江戸大地震				
	文久三	一八六三					新町焼
	元治元	一八六四					鉄砲焼け
明治	明治二四	一八九一	濃尾地震				
	明治二八	一八九五	三陸大津波				
大正	大正一二	一九二三	関東大震災				
昭和	昭和八	一九三三	三陸大津波				
平成	平成七	一九九五	阪神淡路大震災				
	平成二三	二〇一一	東日本大震災				

著者紹介

一九五八年、石川県に生まれる

一九八五年、関西学院大学大学院博士課程後期課程単位取得退学

現在、帝塚山学院大学リベラルアーツ学部教授（博士）

主要著書・論文

『平安時代皇親の研究』（吉川弘文館、一九九八年）

『平安京のニオイ』（吉川弘文館、二〇〇七年）

「勅授帯剣について」（亀田隆之先生還暦記念会編『律令制社会の成立と展開』所収、吉川弘文館、一九八九年）

「醍醐内親王の降嫁と醍醐源氏賜姓」（『続日本紀研究』第三七四号、二〇〇八年）

歴史文化ライブラリー

361

災害復興の日本史

二〇一三年（平成二十五）二月一日　第一刷発行

著　者　安《やす》田《だ》政《まさ》彦《ひこ》

発行者　前田求恭

発行所　株式会社　吉川弘文館

東京都文京区本郷七丁目二番八号

郵便番号一一三―〇〇三三

電話〇三―三八一三―九一五一〈代表〉

振替口座〇〇一〇〇―五―二四四

http://www.yoshikawa-k.co.jp/

印刷＝株式会社　平文社

製本＝ナショナル製本協同組合

装幀＝清水良洋・大胡田友紀

ISBN978-4-642-05761-5

歴史文化ライブラリー

1996.10

刊行のことば

現今の日本および国際社会は、さまざまな面で大変動の時代を迎えておりますが、近づきつつある二十一世紀は人類史の到達点として、物質的な繁栄のみならず文化や自然・社会環境を謳歌できる平和な社会でなければなりません。しかしながら高度成長・技術革新にともなう急激な変貌は「自己本位な刹那主義」の風潮を生みだし、先人が築いてきた歴史や文化に学ぶ余裕もなく、いまだ明るい人類の将来が展望できていないようにも見えます。このような状況を踏まえ、よりよい二十一世紀社会を築くために、人類誕生から現在に至る「人類の遺産・教訓」としてのあらゆる分野の歴史と文化を「歴史文化ライブラリー」として刊行することといたしました。

小社は、安政四年（一八五七）の創業以来、一貫して歴史学を中心とした専門出版社として書籍を刊行しつづけてまいりました。その経験を生かし、学問成果にもとづいた本叢書を刊行し社会的要請に応えて行きたいと考えております。

現代は、マスメディアが発達した高度情報化社会といわれますが、私どもはあくまでも活字を主体とした出版こそ、ものの本質を考える基礎と信じ、本叢書をとおして社会に訴えてまいりたいと思います。これから生まれでる一冊一冊が、それぞれの読者を知的冒険の旅へと誘い、希望に満ちた人類の未来を構築する糧となれば幸いです。

吉川弘文館

歴史文化ライブラリー

文化史・誌

- 楽園の図像 海獣葡萄鏡の誕生 — 石渡美江
- 毘沙門天像の誕生 シルクロードの東西文化交流 — 田辺勝美
- 世界文化遺産 法隆寺 — 高田良信
- 語りかける文化遺産 ピラミッドから安土城・桂離宮まで — 神部四郎次
- 密教の思想 — 立川武蔵
- 霊場の思想 — 佐藤弘夫
- 四国遍路 さまざまな祈りの世界 — 星野英紀・浅川泰宏
- 跋扈《ばっこ》する怨霊 祟りと鎮魂の日本史 — 山田雄司
- 藤原鎌足、時空をかける 変身と再生の日本史 — 黒田 智
- 変貌する清盛 『平家物語』を書きかえる — 樋口大祐
- 鎌倉 古寺を歩く 宗教都市の風景 — 松尾剛次
- 鎌倉大仏の謎 — 塩澤寛樹
- 日本禅宗の伝説と歴史 — 中尾良信
- 水墨画にあそぶ 禅僧たちの風雅 — 高橋範子
- 日本人の他界観 — 久野 昭
- 観音浄土に船出した人びと 熊野と補陀落渡海 — 根井 浄
- 浦島太郎の日本史 — 三舟隆之
- 宗教社会史の構想 真宗門徒の信仰と生活 — 有元正雄
- 読経の世界 能読の誕生 — 清水眞澄
- 戒名のはなし — 藤井正雄
- 仏画の見かた 描かれた仏たち — 中野照男
- 〈日本美術〉の発見 岡倉天心がめざしたもの — 吉田千鶴子
- 祇園祭 祝祭の京都 — 川嶋將生
- 茶の湯の文化史 近世の茶人たち — 谷端昭夫
- 海を渡った陶磁器 — 大橋康二
- 時代劇と風俗考証 やさしい有職故実入門 — 二木謙一
- 歌舞伎の源流 — 諏訪春雄
- 歌舞伎と人形浄瑠璃 — 田口章子
- 落語の博物誌 江戸の文化を読む — 岩崎均史
- 大江戸飼い鳥草紙 江戸のペットブーム — 細川博昭
- 神社の本殿 建築にみる神の空間 — 三浦正幸
- 古建築修復に生きる 屋根職人の世界 — 原田多加司
- 風水と家相の歴史 — 宮内貴久
- 日本人の姓・苗字・名前 人名に刻まれた歴史 — 大藤 修
- 読みにくい名前はなぜ増えたか — 佐藤 稔
- 数え方の日本史 — 三保忠夫
- 大相撲行司の世界 — 根間弘海
- 武道の誕生 — 井上 俊
- 日本料理の歴史 — 熊倉功夫